www.tredition.de

AF204370

Dr. Kascha Brigitte Lippert in
Wien geboren, verheiratet,
zwei erwachsene Töchter.
Sie ist Tierärztin, Spezialistin
für Herzfrequenzvariabilität
beim Menschen, gibt
Herz(ens)-Readings und
Herz(ens)-Coachings.
(www.chronoenergetics.com)
2011 erschien ihr erstes Buch „Mein Leben in Ägypten.
Den Wandel im Herzen" im RRV-Renata Rollfinke Verlag, Wien. Sie lebt in Hurghada, Ägypten und in Wien,
Österreich. Folgen Sie ihr auf Facebook:
http://on.fb.me/wUhZtG

Für alle, die suchen:

Licht und Liebe findest Du in Deinem Herzen.

Kascha Brigitte Lippert

Über's Leben.
Über's Lieben.

Roman

www.tredition.de

Dieser Roman beruht auf einer wahren Geschichte.
Zum Schutz der Privatsphäre wurden Namen, Orte, Zeiten und
Umstände verändert.

Verlag: tredition GmbH, Hamburg

ISBN: 978-3-8495-7263-1

Printed in Germany

Inhalt.

Prolog.

Ich lebe. Ich lebe in einer wunderbaren Beziehung mit meinem über alles geliebten Ehemann, glücklich und zufrieden.

Er ist beruflich erfolgreich, finanziell unabhängig, ein Mann der Tat. Er hat Charisma und liebt mich so wie ich ihn.

Er trägt mich auf Händen. Er ist voll Humor, er liebt Musik, die Natur und speziell Tiere und lebt in Harmonie mit sich und der Umwelt. Er genießt alles, was er tut, weiß guten Wein zu schätzen und hat es nicht nötig zu rauchen.

Wir unterstützen uns gegenseitig in allen Belangen. Wir verschmelzen auf allen Ebenen, ein Herz und eine Seele.

Aber wir lieben es auch, uns unabhängig zu bewegen, uns weiter zu entwickeln und uns auszutauschen. Wir können beide gut alleine sein und kommen mit uns selbst ausgezeichnet zurecht.

Wir erwarten vom anderen nichts, aber wir geben alles.

Wir sind in romantischer, leidenschaftlicher Liebe für einander da, und wir sind erfahren genug, uns völlig dafür einzusetzen, in dieser Liebe zu leben.

Wir haben nur Offenheit und Klarheit füreinander, es gibt keine Hindernisse oder Hintergedanken. Keine falsch verstandenen Versprechen oder Illusionen. Wir sprechen aus, was wir fühlen, empfinden und denken.

Wir sehen uns als zwei eigenständige Wesen, die sich freiwillig zusammen tun, um sich auszutauschen und in Liebe zu erleben, was noch auf unserem gemeinsamen Plan steht.

Wir leben in zärtlicher, inniger, erotischer und leidenschaftlicher Liebe. Unsere Sexualität ist ein spiritueller Weg, ein Gebet, das zum Himmel steigt.

Wir wachsen gemeinsam.

Wir bringen all unser Wissen und Können, all unsere Erfahrungen in die Beziehung ein, um zusammen einen neuen Weg zu beschreiten. Wir haben ein gemeinsames berufliches Ziel.

Die letzten Jahre, die wir beide sehr unterschiedlich verbrachten, haben uns vorbereitet. Sie haben uns geprüft und hart genommen, damit wir uns wie Diamanten abschleifen und diesen speziellen Glanz und das unwiderstehliche Funkeln bekommen, das für eine langdauernde Partnerschaft wichtig ist.

Ein fremdes Land. 2003.

Ich fühlte mich vernachlässigt und ich war gelangweilt. Und bedürftig. So bedürftig, dass sogar der Kontakt bei einer Massage mich dazu brachte, die Energie aus den knetenden Händen herauszusaugen wie ein Schwamm, der vor dem Vertrocknen gerettet werden will. Ich war süchtig nach Berührung und Aufmerksamkeit. Körperlich und noch viel mehr seelisch. Ich vermisste sie wirklich.

Und so nahm die Geschichte ihren Anfang.

Wir begegneten einander im Januar, als mich mein langjähriger Lebensgefährte nach M., der Hauptstadt des fremden Landes zu einer Geschäftsreise mitnahm. Er war zu geschäftsanbahnenden Gesprächen eingeladen, das fremde Land suchte Partner in Europa.

Ein Ball war als Höhepunkt und Abschluss der Geschäftstreffen angekündigt. Ich freute mich auf etwas Abwechslung, auf die neue Stadt, auf den Ball und die Musik. Diese Geschäftsverbindung erfolgte über die Vermittlung eines beruflichen Bekannten meines Partners. Heinz und seine Frau Beatrix machten die Reise mit uns. Wir freundeten uns während des Fluges schon ein wenig an. Die Stimmung war fröhlich, etwas aufgekratzt; wir benahmen uns wie Schulkinder, die auf Ausflug waren.

Als wir die Ankunftshalle des Flughafens von M. erreichten, wurden wir bereits erwartet. Es war ein großer Airport, trotzdem kam unser Gepäck relativ schnell, und wir erreichten mit wenigen Schritten die Passkontrolle. Ich trat gerade in dem Moment in die Halle, als ein stattlicher, sehr imposant wirkender Mann unsere Freunde in Empfang nahm.

Ich sah plötzlich nur mehr diesen attraktiven Mann. Groß, schlank, mit dunkelgrauen Haaren, mit jungenhaftem Charme und äußerst anziehend. Er trug ein langes, helles Cape und stand da wie ein Leuchtturm in der Brandung. Ich sah ihn leuchten. Wirklich.

Etwas Seltsames passierte in diesem Augenblick. Die Spannung im Raum stieg an, und die Gesichter der Menschen rundherum verschwammen. Ich sah nur einen einzigen Menschen vor mir. Einen Mann, den ich noch nie gesehen hatte, der mir aber so bekannt war. So vertraut und so nahe. Mein Herz flog ihm zu. Ich verliebte mich auf den ersten Blick in ihn. Von diesem Moment an, wollte ich nur in seiner Nähe sein, wollte seine Stimme hören, in seinen Augen lesen und seine Hand nehmen.

Ich registrierte eine seltsame Eifersucht, als er die beiden anderen, die ihn schon lange kannten, mit einer Umarmung begrüßte und für uns nur ein freundliches Händeschütteln bereit hatte. Ich wollte auch von ihm umarmt und gehalten werden. Ich konnte kaum mit meinen plötzlich aufsteigenden Gefühlen umgehen.

Er wurde mir als Tom vorgestellt, der Organisator der gesamten Veranstaltung und auch des „Abschlussballs". Als er dann in den zweiten Wagen einstieg, der uns in unser Hotel bringen sollte, fühlte ich mich furchtbar traurig. Ich wollte doch unbedingt neben ihm sitzen. Oder zumindest hinter ihm.

Ich nahm nichts vom Flughafen, nichts von M.s Straßen und Gebäuden wahr, ich war völlig in Gedanken an diesen Mann.

Beim wunderschönen 5-Sterne-Hotel angekommen, öffnete sich die Wagentür von außen, und er stand vor mir, hielt mir völlig selbstverständlich seine Hand hin, um mir beim Aussteigen zu helfen. Mein Herz machte einen Sprung, als wir uns kurz berührten.

Den Abend verbrachten wir in Gesellschaft aller anwesenden Geschäftspartner in einem netten, kleinen Restaurant. Ich hatte alle Hoffnungen, dass ich ein wenig mehr von diesem so anziehenden Mann sehen werde. Aber ich wurde enttäuscht: Ich saß weit weg von Tom, der in Gespräche mit seinen Tischnachbarn vertieft war und keinen Blick für mich übrig hatte.

Ich verstand die Situation nicht. Wenn mich ein Mann interessierte, dann war es für mich natürlich und einfach, seine Aufmerksamkeit auf mich zu ziehen. Ich kannte den Eindruck, den ich machte, wenn ich erschien. Mir flogen die Männerherzen einfach zu, selbst wenn ich das nicht wollte.

Und ich wollte es meistens nicht. Ich wollte einfach glücklich sein in meiner Beziehung zu meinem Lebenspartner und niemand anderer sollte dieses Glück stören. Doch wenn ich es wollte, konnte ich erobern, wen ich ins Auge gefasst hatte.

Nur bei Tom war das offensichtlich nicht so. Dieser gut aussehende Mann, den die anwesenden Frauen sichtlich umschwärmten, wollte keinen Blick in meine Richtung werfen. Noch schlimmer: Ich gewann den Eindruck, dass er mich mied oder zumindest so tat, als wäre ich nicht vorhanden. Es war mir nicht möglich, auch nur einen kurzen Moment in seine Augen zu sehen. Ich war einfach nicht da für ihn. So dachte ich zumindest.

Als ich Dich beim Flughafen in die Ankunftshalle kommen sah, war ich etwas abgelenkt vom Begrüßen meiner Freunde Heinz und Beatrix. Aber ich sah Dich durch das Tor kommen und es schoss mir schlagartig durch den Kopf: „Die Sonne geht auf." Dass Du zu unserer Gesellschaft gehörtest, wurde mir erst klar, als man uns vorstellte und ich mich vor Dir mit einer leichten Kopfbewegung verbeugte. Am liebsten hätte ich Dich in meine Arme genommen und nicht mehr losgelassen, so sehr bewegtest Du mein Herz in diesem Moment.

Wenn es Liebe auf den ersten Blick gibt, dann erlebte ich das in diesen Sekunden. Mein nächster Gedanke war die Unmöglichkeit, die in dieser Begegnung lag. Du warst die Frau eines potentiellen Geschäftspartners, den ich eingeladen hatte, mit uns gemeinsam in Projektentwicklung zu gehen. Das alleine gab die erste Barriere zwischen uns. Ich versuchte, mich so schnell wie möglich hinter meine geschäftliche Fassade zurückzuziehen. Und es gelang.

Mein Blick war überall, nur nicht in Deiner Richtung. Ich setzte mich zu meinen Freunden, die das ja auch von mir erwarteten, ins Auto, obwohl ich das gar nicht wollte. Als wir beim Hotel ankamen, nützte ich die Geste der Höflichkeit und half dir aus dem Auto. Du nahmst wie selbstverständlich meine Hand und lächeltest mich an. Ich war hingerissen und musste mich sehr bemühen, meine Gefühle sorgfältig zu verbergen.

Am Abend im Restaurant hatte ich dann Gelegenheit, Dich zu beobachten. Natürlich waren viele Menschen um uns herum, aber hin und wieder konnte ich aus den Augenwinkeln betrachten, wie Du Dich bewegtest und mit den Leuten, die mit Dir saßen, sprachst. Ich fühlte, ich war hoffnungslos verliebt. In dieser Nacht träumte ich zum ersten Mal von Dir.

Der nächste Tag verging wie im Flug, die Geschäftsmänner zogen sich zu Geschäftsbesprechungen zurück. Wir Damen waren den ganzen Tag mit dem „Damenprogramm" beschäftigt. Tom hatte sogar das perfekt organisiert. Uns stand eine sehr sympathische junge Dolmetscherin zur Seite, die uns ihre Heimatstadt zeigte und uns unterhielt. Wir bestaunten die riesige Kathedrale und besuchten die wunderschöne Krypta mit einer Ausstellung alter Ikonen aus dem ganzen Land. Wir lernten noch mehrere Kirchen kennen, eine davon erkor ich zu meiner Lieblingskirche und betete vor dem Madonnenbild, dem heilende Wirkung nachgesagt wurde, zum ersten Mal seit langer Zeit.

Zum Abschluss besuchten wir ein Geschäft, das Seifen in wunderschönen, unterschiedlichen Gerüchen, Farben, Formen und mit Kräutern und Blumen eingegossen, verkaufte. Wir schnitten von den Seifenblöcken verschieden große Stücke ab und nahmen sie als Geschenke und Andenken mit nach Wien. Ich saß noch Monate später damit in der der Badewanne und genoss fremdländischen Duft.

An diesem Abend wurden wir in ein weiteres typisches Restaurant ausgeführt, das sehr gemütlich für uns einen Nebenraum vorbereitet hatte. An einem großen Tisch, der auf die geladenen zwölf bis vierzehn Gäste wartete, saßen bereits zwei respektable Herren, die sichtlich erfreut waren, als man mich zu ihnen setzte. Sie verwickelten mich sofort in ein Gespräch auf Englisch, wobei wir nach einiger Zeit erkannten, dass wir uns genauso gut auf Deutsch unterhalten konnten, da beide auch Österreicher waren, die schon lange Zeit in diesem mir so fremden Land geschäftlich bzw. als Vortragende und Lektoren unterwegs waren.

Mein Partner saß zwar neben mir, war aber die meiste Zeit mit einem Gespräch mit seinem Nachbarn zur anderen Seite hin beschäftigt. Mein tatsächliches Interesse lag diesmal aber sowieso ganz woanders. Ich sehnte mich nach einem Blick, wenigstens einem AUGENBlick, den ich einfach nicht bekam. Tom saß wieder weit genug entfernt, so dass wir uns gegenseitig nicht stören konnten.

Das zwiespältige Gefühl, hier einerseits einen schönen Abend zu verbringen, zu genießen und andererseits ganz etwas anderes tun zu wollen, war unerträglich.

Eine Musikgruppe spielte auf und verwöhnte uns mit schwungvoller, folkloristischer Musik. Nach dem Essen waren wir zum Tanz aufgefordert, was ich mir nicht zweimal sagen ließ. Wir tanzten zu einer Melodie, die mich an Sirtaki erinnerte, den ich schon bei meinen zahlreichen Griechenlandurlauben geliebt hatte.

Tom blieb mit anderen sitzen und sah uns lächelnd zu. Überhaupt schien er großen Gefallen an der Musik zu finden. Er bekam einen ganz romantischen Gesichtsausdruck dabei und sah glücklich und entspannt aus. Ich musste mich zwingen, nicht doch immer wieder zu ihm zu schauen. Mein Herz sprang wild in meiner Brust, und ich begann mich heftig nach diesem Mann zu sehen.

Meine beiden Tischherren wollten mehr über meinen Beruf erfahren. Also erzählte ich ihnen, dass ich mich unter anderem mit Entspannungstechniken beschäftigte. Ich hatte auch einen kleinen Massageroller mit dabei und zeigte dessen angenehm entspannende Wirkung gleich bei meinem direkten Nachbarn vor. Dieser war so begeistert, worauf er mir das Ding aus der Hand nahm und seinem rechts sitzenden Nachbarn damit am Rücken auf- und abrollte.

So ging der Roller von Einem zur Nächsten und weiter, und die gesamte Tischgesellschaft kam in den unerwarteten Genuss einer erfrischenden Massage durch die Hand des Nachbars beziehungsweise der Nachbarin. Auch Tom wurde gerollt – von seiner Nichte, die neben ihm saß. Ihre in meinen Augen zu heftigen Armbewegungen nahm ich spontan zum Anlass aufzustehen, hinüber zu gehen und endlich mit ihm Kontakt aufzunehmen. Ich fragte ihn, wie ihm die Massage gefiele.

Wenn ich daran denke, muss ich jetzt noch lächeln. Er saß vor mir, sah mir von unten her tief in die Augen und statt mir zu antworten, nahm er einfach meine Hand und küsste sie.

Oh, ich war erst einmal sprachlos. Als Österreicherin bin ich ja an Handküsse gewöhnt, als Zeichen des charmanten Respektes, den ein Mann jeder Frau entgegenbringen kann, aber auch als Zeichen eines besonderen erotischen Interesses, das ein Mann einer ihn anziehenden Frau bekundet.

Hier handelte es sich eindeutig um die zweite Variante. Mein Herz sprang hoch vor Freude. Ich kehrte in ausgesprochen gehobener Laune an meinen Platz zurück. Sollte ich auch nur irgendeinen Zweifel über meine Wirkung auf Tom gehabt haben – und da waren ja viele gewesen – jetzt hatte ich keinen mehr.

Er erwiderte mein Interesse, vielleicht sogar meine Gefühle. Ich konnte ihn ganz deutlich spüren. Ich fühlte, dass uns etwas Starkes verband. Er war nicht nur in meinen Gedanken, ich war auch in seinen!

Der nächste Tag verlief, wie ich ihn geplant hatte. Das Damenprogramm war umfangreich. Ich hatte eine junge Dolmetscherin engagiert, und sie führte die beiden durch die Stadt. Ich hatte ihr den Auftrag gegeben, auf jeden Fall unsere Kathedrale und die alte Kirche zu besuchen.

Während unserer Geschäftstreffen, die so verliefen, wie ich es gerne sehe, schweiften meine Gedanken immer wieder zu Dir zurück. Du standst vor meinen Augen und lächeltest mich an. Den ganzen Tag hatte ich mit meiner Konzentration zu kämpfen, denn Du gingst mir nicht mehr aus dem Sinn. Meine Verbindung zu Dir war so stark, wie ich sie noch nie bei einer Frau erlebt hatte. Es war seltsam und verführerisch. Ich hatte alle Hände voll zu tun, mich nicht lächerlich zu machen, während wir die wirtschaftliche Situation unseres Landes beleuchteten und uns über mögliche geschäftliche Verbindungen den Kopf zerbrachen. Mein Gesicht verzog sich unwillkürlich zu einem Lächeln, wenn ich an Dich dachte. Mir war klar, dass die kühl kalkulierenden Geschäftsmänner um mich herum einen eigenartigen Eindruck von mir bekommen mussten, wenn ich fortfuhr, mich so zu benehmen.

Der Abend im Restaurant war ein voller Erfolg. Das Essen war wie gewohnt ausgezeichnet, der Wein sehr gut. Du saßest am anderen Ende des Tisches, wo ich Dich sicherheitshalber neben zwei meiner guten alten Freunde platziert hatte, die Dich den ganzen Abend so beschäftigten, dass es mir möglich war, ab und zu mal einen Blick auf Dich zu werfen. Ich musste mich bedeckt halten, das war ich mir und natürlich Deinem Mann schuldig.

Trotzdem: eigentlich wollte ich aufstehen, zu Dir gehen und Dich näher kennen lernen. Du zogst mich magisch an, und ich merkte, dass Du Dich auch für mich zu interessieren schienst. Du sahst ab und zu herüber zu mir, ich wich Deinem Blick aus. Was hätte ich sonst tun sollen? Wir durften uns hier nicht in die Augen sehen. Das war einfach unmöglich.

Zum Glück hattest Du einen kleinen Massageroller mit, der die Runde machte, weil jeder dem Nachbarn mit diesem Roller spontan den Rücken massierte. Ich sah die Freude darüber auf Deinem Gesicht leuchten. Als meine Nichte, die als Dolmetscherin für mich arbeitet und an meiner linken Seite saß, an die Reihe kam, mir die unverhoffte Massage zuteilwerden zu lassen, machtest Du plötzlich Anstalten aufzustehen.

Die Sonne geht auf, hatte ich gedacht, als ich Dich das erste Mal erblickt hatte, und Du mich direkt ansahst. Ich musste wegsehen, Dein Licht hatte mich fast geblendet. Und nun standst Du wieder vor mir, lächeltest mich an, *und ich fühlte mich erneut geblendet. Du fragtest mich etwas, mit einem Seitenblick auf meinen Rücken. Ich verstand Dich erst gar nicht, so sehr war ich beschäftigt, Deine Nähe mit allen Sinnen aufzunehmen.*

„Fühlst du dich wohl?"

Ich konnte nicht anders, ich blickte Dich an, nahm Deine rechte Hand und führte sie langsam an meinen Mund.

Mir war vollkommen klar, dass ich mich damit verraten würde. Aber irgendetwas an Dir sagte mir, dass ich genau das Richtige tat. Ein Handkuss kann mehrere Bedeutungen haben. Meiner hatte nur eine einzige und die war eindeutig. Ich wollte mehr als Deine Hand küssen. Du lächeltest noch mehr und blicktest mir tief in die Augen. Was hast Du gelesen? Alles?

Jedenfalls kehrtest Du schnell wieder zu Deinem Sitzplatz zurück. Mit leicht geröteten Wangen. Mir schien, die Episode war beobachtet worden, aber in diesem Moment war es mir egal. Trotzdem vermied ich es während des weiteren Abends, Dich auch nur einen Augenblick lang anzublicken. Es fiel mir sehr schwer. Aber ich gewann den Eindruck, dass Du meine Nähe und meine Aufmerksamkeit suchtest. Oder täuschte ich mich? Konnte es sein, dass Du genauso empfandst wie ich?

Am nächsten Morgen traf ich meine Freundin Beatrix beim Frühstück und konnte nicht anders, als sie über diesen geheimnisvollen Mann auszufragen. Ich wollte alles wissen, alles. Erst war sie etwas überrascht über mein lebhaftes Interesse, dann gefiel ihr die Rolle der in ein Geheimnis Eingeweihten, und sie gewährte mir jede Auskunft, die mein Herz begehrte.

Ja, Tom war ein Junggeselle, der immer von Frauen umgeben war und alles verstand, was eine Frau wollte. Ein umschwärmter Mann, der sich aber nicht wie ein Frauenheld benahm. Sie war auch ein wenig verliebt in ihn, wie ich feststellen konnte. Ich war es mittlerweile völlig. Es gab keinen Zweifel, ich war in den mir unbekannten Mann verliebt, obwohl ich ihn nur kurz gesehen hatte und gar nichts über ihn wusste.

Das war mir damals noch etwas seltsam, später habe ich die Erfahrung machen dürfen, dass wir gar nichts „wissen" müssen, um jemanden zu lieben.

Beatrix klärte mich bei köstlichem Tee und leckerem Kuchen auf. Tom war Geschäftsmann, der ein Zentrum leitete, das damit beschäftigt war, die Wirtschaft dieses Landes mit der europäischen zu verbinden. Geschäftsbeziehungen knüpfen, Investoren ins Land bringen, Wissenstransfer in Form von Seminaren, Workshops und Vorträgen für angehende Führungskräfte, Wissensaustausch mit österreichischen, aber auch anderen europäischen Instituten und Firmen waren Teil der Aufgaben dieser Institution. Nachdem er ein ausnehmend intelligenter und charismatischer Mann war, verband er in erfolgreicher Weise sein Knowhow mit der Kunst des Netzwerkens. Mit seiner einnehmenden Art und seiner

Offenheit seinen Geschäftspartnern gegenüber gewann er schnell deren Vertrauen und Achtung. Seine respektvolle Haltung, gepaart mit offensichtlicher Selbstsicherheit und Selbstvertrauen, punktete natürlich ebenso. Auch bei mir.

Beatrix und ich saßen stundenlang in einem sehr schönen Caféhaus in der damals schönsten Hauptstraße der Stadt und genossen unser Gespräch. Sie war eine leidenschaftliche Erzählerin und so erfuhr ich alles, was mir wichtig war zu wissen.

Am Abend war der „Ball" angesagt, und ich wollte unbedingt mit ihm zusammen kommen, ich wollte ihn erobern, ich wollte ihm den Kopf verdrehen, ich wollte begehrt und verehrt werden. Das war es, was ich wirklich wollte. Ich genoss den Nachmittag mit Vorbereitungen auf meinen abendlichen Auftritt. Ein langes, warmes Bad, das kalte Wetter musste schließlich kompensiert werden, verhalf mir zur nötigen Entspannung.

Heute noch sehe ich mich in diesem wunderschönen Badezimmer, das mit hellbraunen großen Steinfliesen ausgelegt war und mit überdimensionalen Spiegeln meinen schlanken Körper von allen Seiten zurückwarf. Ein wenig von meinem Lieblingsparfum und mit viel Sorgfalt ein leichtes Makeup aufgelegt. Ich war aufgeregt, ich wusste nicht, was mich erwartete, aber die Vorfreude fühlte sich unglaublich gut an. Ich wusste nur, dass ich schön sein wollte, begehrenswert, strahlend und umwerfend. Und dem sichtlich interessierten Blick nach, den ich von allen möglichen anderen Männern zugeworfen bekam, war ich das auch.

Als wir im Hotel, in dem der Ball stattfand, eintrafen, schneite es. Die wenigen Schritte vom Taxi zum Eingang genoss ich wie in einem Märchenfilm. Ich trug meinen langen, edlen Seidenmantel über dem dunkelblauen, enganliegenden, schulterfreien Abendkleid. Eine schlichte Goldkette und goldene Ohrstecker vollendeten das Ensemble. Ich fühlte mich unglaublich sexy und verführerisch.

Tom saß in der Lobby mit ein paar anderen Leuten und trank ein Bier. Angeblich hatte er Kopfschmerzen. Er sah in sich gekehrt aus und machte den Eindruck, völlig mit sich selbst beschäftigt zu sein. Er schenkte mir eine freundliche und höfliche Begrüßung, sonst nichts und meine übermütige Stimmung bekam einen kleinen Dämpfer.

Für uns vier war ein Tisch ganz vorne bei der Bühne und dem Orchester reserviert, von wo unsere beiden Männer sehr schnell verschwanden, um ihren weiteren Geschäftsanbahnungsgesprächen nachzukommen. Beatrix und ich langweilten uns.

Noch schlimmer, ich war den Tränen nahe. Der ganze Abend schien ein völliger Reinfall zu werden. Das Orchester spielte Wiener Walzer, und ich tanze für mein Leben gerne. Wie immer war mein Partner geschäftlich unterwegs. Da war also kein Mann, der mit mir tanzte, kein Mann, der mich umschwärmte, kein Mann irgendwo ... das erschien mir in diesem

Moment die Essenz meiner letzten Jahre zu sein. Ich – allein. Niemand da, der mich in irgendeiner Weise wahrnahm und mit mir zusammen sein wollte. Ja, natürlich Beatrix, aber ich dachte hier nicht an Frauen ... Ich versank in Selbstmitleid und war dabei, mich für den Rest des Abends als unsäglich traurig abzuschreiben.

Da kam eine kleine Rettungsaktion von unerwarteter Seite. Beatrix' Mann, fragte mich, ob ich mit ihm tanzen wolle. Natürlich, ich wartete doch schon so lange darauf, endlich Bewegung in den Abend zu bringen. Glücklich, mich zur Musik zu bewegen, vergaß ich erst einmal die depressive Stimmung. Ich liebte es zu tanzen, egal, in welchem Musik- oder Tanzstil. Diesmal spielte das Orchester ein modernes Stück, zu dem wir offen tanzten. Heinz sah mich ernst an und meinte: „Ich hoffe nur, dein Mann weiß, welchen Schatz er mit dir hat!"

Mir schossen die Tränen in die Augen, und ich kämpfte kurz mit meiner Fassung. Nach Ende des Tanzes wollte ich mich setzen, denn ich war innerlich am Schluchzen über meine unglückliche Beziehung, die sich nicht verbessern ließ.

Nach einiger Zeit jedoch gewann meine Lebensfreude wieder die Oberhand. Was war an diesem Abend noch Besseres zu finden? Ein Tisch, an dem andere Menschen saßen, die sich mit mir unterhalten wollten! Ich packte Beatrix am Arm und steuerte mit ihr quer durch den Ballsaal nach hinten zu den Tischen, wo Tom saß. Die Tische waren rund und für zehn Personen gedeckt. Ein glücklicher Zufall hatte die anderen Gäste seines Tisches woandershin geführt. Wir fanden also Platz genug. Ganz allein und nach wie vor völlig mit sich selbst beschäftigt, hatte Tom nichts dagegen einzuwenden, dass wir uns zu ihm setzten. Wenngleich er sich erst einmal als schweigender Gesprächspartner darstellte. Ziemlich aufgeregt nahm ich vis-à-vis von ihm Platz.

Beatrix machte Fotos, die einzigen, die uns in dieser misslichen Lage zeigen. Zwei, die miteinander wollen, aber nicht dürfen. Auf einem Bild stand seitlich hinter mir mein Partner im Gespräch mit jemandem. Ich war also auch noch „behütet".

Trotzdem – irgendwann ließ sich unser Blickkontakt nicht mehr verhindern. Unsere Blicke trafen sich und verfingen sich ineinander. Wir sahen uns an und versanken in unsere Augen, ich in seine braunen und er in meine grünen. Es war ein inniger, intensiver Austausch, der keine Fragen offen ließ. Die Antwort war kurz und deutlich: „JA!"

Mir klopfte das Herz bis zum Hals vor lauter Freude. Ich hatte ihn gewonnen! Ich hatte seine Aufmerksamkeit und seine Gefühle für mich gewonnen! Plötzlich war alles sonnenklar, alle meine Gefühle fanden Widerhall, er fühlte wie ich. Ich war so aufgeregt und glücklich nur über diesen einen Blick. Und machte mir keine Gedanken darüber, was aus diesen plötzlichen und heftigen Gefühlen eigentlich werden sollte.

Den ganzen Tag schon war ich nervös, es sollte ein Groß-ereignis werden, für das ich die Verantwortung trug. Es sollte unsere Gäste aus Europa ebenso beeindrucken wie unsere einheimischen Teilnehmer. Ich hatte diesen Event schon lange vorher geplant, ich hatte ganz bestimmte Vorstellungen von diesem Abend, und die Vorbereitungen waren äußerst aufwändig gewesen. Alles wäre einfach genauso abgelaufen wie geplant, wenn da nicht plötzlich Du so intensiv aufgetaucht wärest. Du fesseltest meine Aufmerksamkeit, Du lenktest meinen Fokus weg vom Ablauf der Veranstaltung. Die Gedanken an Dich nahmen mich völlig in Anspruch. Und dort, wo ich normalerweise praktisch unfehlbar war, im Organisieren und Managen, fehlte plötzlich meine Energie.

Ich konnte mich nicht mehr voll konzentrieren, denn ich war mit meinen Gedanken ständig bei Dir. Mein Verstand versuchte das zu verhindern. Er sagte mir, es wäre schwachsinnig, mich mit der Frau eines europäischen Geschäftspartners auch nur in Gedanken zu verbinden. Und ich bin kein Mann, der schwachsinnige Entscheidungen trifft.

Aber ich konnte nichts tun. Ich konnte nichts gegen die Gefühle, die mich überschwemmten, tun. Mein Herz sprach eine andere Sprache, es träumte einen Traum, den ich mir bis dahin nicht erfüllt hatte. Mein Herz erzählte von einer großen Liebe, die ich erleben konnte. Von einer großen Liebe, die schon Ewigkeiten auf mich wartete, und die ich nun vor mir stehen hatte. Mein Herz bat mich, nicht gewöhnliche Lösungen anzustreben, sondern einen neuen Weg zu finden – einen Weg, der völlig entgegen meiner bisherigen Erfahrungen mit Frauen war. Einen Weg des Vertrauens.

Ich zwang mich dazu, mich zu konzentrieren. Die letzten Vorbereitungen waren zu kontrollieren, die letzten Anweisungen zu geben. Ich bekam am Vormittag Kopfschmerzen, die sich auch nicht mit Tabletten lösen ließen. Ich gebe zu, ich versuchte alles, Dich aus meinem Kopf zu verbannen. Aber vermutlich tat er deshalb so weh.

Als ich dann endlich in der Lobby des Hotels saß und ein Bier zur Entspannung trank, hatte ich fast Angst, Dich zu sehen. Ich war mir meiner nicht mehr sicher. Wie konnte ich Dich sehen und nicht mit dir sprechen? Wie sollte dieser Abend über die Bühne gehen, ohne dass ich Dich berühren durfte? Am liebsten wäre es mir gewesen, wenn alles ohne mich hätte ablaufen können. Aber gleichzeitig war ich es gewohnt zu gewinnen, zu siegen. Der Held zu sein, der letztlich triumphiert.

Meine Ausdauer und mein Durchhaltevermögen sind legendär, was Verhandlungen betrifft. Ich punkte üblicherweise durch Überzeugungskraft, durch Freude, durch meine Präsenz.

Irgendetwas in mir riet mir, einfach nur DA zu sein. Und abzuwarten, damit das kommen konnte, was kommen sollte. Ich bin zwar nicht leichtgläubig, aber manches in meinem Leben hat sich so ergeben, dass ich nur von einem glücklichen „Zu-Fall" sprechen konnte. An so einen Zufall wollte ich diesen Abend auch glauben.

Ich hatte euch extra weit vorne hingesetzt, damit ihr das Buffet genießen könnt und die Musik und die Vorführungen. Es war ein Ehrenplatz, weit weg von meinem

Tisch, den ich im hinteren Bereich gewählt hatte. Von hier aus konnte ich alles überblicken und kontrollieren, ohne aufzufallen.

Aber nach einiger Zeit merkte ich, dass es ein Fehler gewesen war, die Tischordnung nicht zu verändern. Du warst einfach zu weit weg von mir. Ich konnte Dich nicht einmal mehr sehen, wenn ich genau hinsah – geschweige denn aus den Augenwinkeln. Es war mir aber ein Bedürfnis, nach Dir zu schauen. So kämpfte ich diesen Abend mit mir, begrüßte die Gäste, betrieb Small Talk, ohne wirklich dabei zu sein und hoffte auf ein Wunder.

Und dieses Wunder geschah, es kam. Unglaublich. Du setztest Dich einfach zu mir an den Tisch!

Ich bewunderte Deinen Mut und Deine Lebendigkeit. Und Du warst so schön! Nur mit Mühe konnte ich meinen Blick schweifen lassen, immer wieder verfing er sich an Deinen Haaren, Deinem Gesicht, Deinem Dekolleté und Deinen Händen.

Du saßest genau mir gegenüber und sprachst mit Beatrix, die immer wieder einen prüfenden Blick in meine Richtung warf. Ich gab vor, beschäftigt zu sein und über etwas nachzudenken.

In Wirklichkeit konnte ich gar nicht denken. Mein Gehirn war ein einziger Kreisel, der sich drehte. Ich sah nur Dich und das in allen möglichen Varianten. Ich starrte ins Nichts und nahm nichts mehr wahr außer Deiner Präsenz. Nicht weit von mir und doch so unerreichbar. Irgendwann hielt ich es nicht mehr aus und blickte auf. Und sah direkt in Deine grünen Augen. Sie waren weit offen und dunkelgrün wie das Meer manchmal und dann wieder Türkis wie der Edelstein. Ich sah Dich an und öffnete mich Dir, und ich fiel in Deine Augen hinein wie ein Ertrinkender.

Du fingst mich auf und erwidertest meinen Blick. Ich hatte den Eindruck, Dein ganzes Sein käme durch meine Augen in mein Herz herein. Ich konnte nicht mehr widerstehen, ich war hoffnungslos verloren und gleichzeitig fand ich mich in Dir.

Beatrix schleppte uns nach draußen in den Eingangsbereich, wo wir köstlichen Rotwein kredenzt bekamen. Endlich konnten wir miteinander sprechen, allerdings unter der Beobachtung meiner beiden Tischnachbarn vom Vorabend, die sich sehr um mich bemühten, was mir gar nicht besonders angenehm war. Ich wollte eigentlich mit Tom alleine sein, die wenige Zeit nützen für ein paar persönliche Worte. Es sollte uns jedoch verwehrt bleiben.

Alle Weingenießer wurden gebeten für ein Gruppenfoto zusammenzustehen. Tom hielt sich links von mir. Ich drehte mein Gesicht zu ihm: „Komm ein bisschen näher, ich mag das", die einzigen privaten Worte. Ich war sicher, dass er den Doppelsinn und somit mich richtig verstand.

Ich habe das Foto nie gesehen, aber es existiert irgendwo. Wir beide – Seite an Seite.

Und dann stand ich plötzlich draußen neben Dir. Irgend-
jemand drückte mir zwei Gläser Rotwein in die Hand, ich
brachte Dir eines davon. Wir stießen miteinander an und
sahen uns an, ohne zu sprechen. Leider waren wir nicht
alleine, die anderen anwesenden Herren hatten großes
Interesse an Dir, obwohl Du Signale gabst, die meiner
Meinung nach eindeutig abweisend waren.

Hab ich es richtig verstanden? Dein Interesse galt tat-
sächlich mir!

Dann wurden wir zum Fotoshooting aufgefordert. Ei-
nes der obligaten Fotos in der Gruppe, alle lächeln freund-
lich in die Kamera und zeigen, dass es ihnen gut geht. Der
einzige Unterschied diesmal war, dass ich neben einer
Frau stand, die ich vor kurzem zu lieben begonnen hatte
gegen jedes vernünftige Argument, gegen jeden rationa-
len Gedanken.

Ich wusste, es war Liebe auf den ersten Blick gewesen,
und ich konnte und wollte mich nicht dagegen wehren.
Ich fühlte mich schwach und stark zugleich neben dieser
Frau.

Und ich hörte Deine Aufforderung gerne, mich etwas
näher an Dich zu stellen. Das Foto habe ich nie gesehen.
Im Ernst, ich vergaß einfach, wer es gemacht hat; ich hat-
te meine Augen auf Dich gerichtet, nicht auf die Fotogra-
fin.

Irgendwann mussten wir wieder in den Ballsaal zu-
rückgehen. Tatsächlich kann ich mich nicht mehr an
Einzelheiten erinnern, außer dass ich genug Wein

getrunken hatte, um nach einiger Zeit aufzuspringen und Tom zum Tanzen aufzufordern. Ich war sicher, dass er mir diesen Wunsch nicht abschlagen würde, also zog ich ihn an der Hand hinter mir her zur Tanzfläche.

Was ich nicht wusste war, dass die gesamte Gesellschaft der Stadt M. wusste, dass Tom nie, wirklich NIE, tanzte.

Und so kam er etwas zögernd mit, aber er kam. Wir standen alleine mitten im großen Saal auf der leeren Tanzfläche, und wir sahen nur uns beide. Ich sagte irgendwas von: „Wir sind für unser Glücklich-Sein selbst zuständig. Ob Du glücklich bist und die Chance dazu ergreifst, hängt alleine von dir ab."

Es war meine Art der Aufforderung an ihn, sich noch mehr in mich zu verlieben.

Wir sahen einander an und tanzten miteinander – offen – ohne Körperkontakt. Dazu gibt es Fotos, die Beatrix machte, ohne dass wir sie bemerkten. Nur ein Blinder kann darauf nicht erkennen, was sich während dieser Minuten zwischen uns abspielte. Wir liebten uns mitten auf der Tanzfläche, und wir waren nicht scheu dabei.

Unsere ersten gemeinsamen Schritte … Ich hätte nie gedacht, dass mich eine Frau auf das Tanzparkett bringt. Es ist zwar nicht wirklich wichtig, aber mir stand der Sinn nie nach tanzen, und es macht mich unruhig, mich mit meinem Körper zu exponieren. Ich stehe immer wieder in der Öffentlichkeit, und es macht mir nichts aus. Mein Leben lang habe ich Stellung bezogen und einen Beruf gewählt, der mich mit vielen unterschiedlichen Menschen einzeln oder in Gruppen sprechen lässt oder mir eine Bühne gewährt, auf der ich stehe und zu Menschen spreche. Es ist nicht „Das auf der Bühne stehen", es ist das „Sich auf der Bühne rhythmisch bewegen", es ist das „Meine Gefühle nach außen bringen", was ich nicht öffentlich tun möchte. Aber in diesem Moment, als Du auf mich zukamst, mich an der Hand nahmst und mich zum Tanzparkett zogst, konnte ich nicht „Nein" sagen. Ich konnte Dir nur folgen.

Wie wir uns verabschiedeten? Ich kann mich nicht mehr erinnern. Ich weiß nur, dass ich in dieser Nacht nicht alleine war. Ich lag im Bett neben meinem Lebensgefährten, den ich all die Jahre so hoffnungslos geliebt hatte und ihm immer treu geblieben war und träumte von einem anderen Mann. Und wie ich träumte. Tom war überall um mich herum. Er war im Traum da und jedes Mal, wenn ich erwachte, fühlte ich ihn ebenso um mich. Ich sah sein Gesicht, seine Hände, seine Haare. Ich roch seinen Duft. Er war absolut präsent, mit all seiner Energie. Hinter meinen geschlossenen Augen oder vor meinen offenen. Ich konnte ihn sehen, riechen, spüren, hören und ich war mit ihm und er war mit mir. Unsere erste Liebesnacht – virtuell, aber intensiv.

Am nächsten Vormittag spazierten mein Partner und ich noch in der Stadt umher, und ich hoffte, dass wir uns verabschieden könnten, aber Tom kam nicht. Ich flog am Nachmittag zurück nach Wien, ohne ihn gesehen zu haben. Aber ich hatte seine Telefonnummer erfragt und ihm eine Abschieds-SMS gesendet.

Du warst plötzlich weg. Es war schon spät, oder besser gesagt: früh am Morgen, als der Ballsaal sich leerte, und ich mich endlich auch verabschieden hätte können. Ich habe Dich nicht mehr gesehen. Ich ging alleine nach Hause und legte mich nieder. Schlafen konnte ich in dieser Nacht nicht.

Meine Gedanken kreisten nur um Dich. Ich sah Dich tanzen und lachen, ich sah Dich nachdenklich und fröhlich. Ich liebkoste Dich in meiner Vorstellung, ich umarmte Dich und hielt Dich fest an mich gedrückt.

Irgendwann liebte ich Dich. So innig und so intensiv, dass ich meinte, das alles wirklich zu erleben. Du warst um mich herum und gleichzeitig in mir. Ich sah Dich, spürte Deinen Atem in meinem Gesicht, und ich hörte Deine Stimme. Ich fühlte Deine zarte Haut unter meinen Händen, und ich konnte nicht genug von Dir bekommen. Ich liebte Dich, wie ich noch nie im Leben eine Frau geliebt habe. Aus ganzem Herzen und aus ganzer Seele, und all diese Liebe floss in Dich hinein, und kam aus Dir zu mir wieder zurück.

Wir verschmolzen miteinander und bildeten ein We-
sen. Wir waren eins, so wie wir es ursprünglich einmal
gewesen sein mussten. Twinflames.

Ich sah in Deine Augen und erkannte mich selbst.
Grün wie der Wald, Türkis wie das Meer.

Nach zwei Wochen bekam ich seine erste SMS.

„How are your wonderful green eyes today?"

Mir zitterten die Knie.

Ägypten. Frühling 2010.

Ich lebe seit Jahren in einer anderen Welt. Hier ist es heiß und langsam. Die Zeit spielt keine Rolle, denn es gibt keinen direkten Begriff von Zeit, alles läuft nach seiner eigenen Geschwindigkeit. Langsam, manchmal stockt es. Nichts funktioniert so, wie es EuropäerInnen gewohnt sind. Und es ist alles ungemein spielerisch, verlockend leicht.

Die am häufigsten verwendete Phrase ist: „Mafish Mushkella" – „Kein Problem". Und so erscheint es erst einmal, das Leben hier. Leicht und fröhlich, unbeschwert und easy.

Mafish Muskella, alles löst sich sowieso irgendwann von selbst. Selbst wenn man nichts tut, verschwindet das Problem, das keines war. Man vergisst es einfach, dann ist es nicht mehr da.

Uns EuropäerInnen erscheint das eine geniale Art mit Dingen, die uns schwierig sind, umzugehen. Das Leben kann so leicht sein, so einfach. So ohne Probleme! Erst nach einiger Zeit hier leben, kommt man dann drauf, dass es da noch etwas gibt, was wir vorher nicht bedacht haben.

Die scheinbare Leichtigkeit ist eigentlich ein Spiel. Ein Spiel, das Kinder gerne spielen. „Komm, wir spielen Familie!" Wer erinnert sich nicht daran? Das Leben war einfach. Die Mutter spielt, dass sie neben dem Haushalt das Kind heiß liebt und immer für es da ist und ganz leicht noch irgendwo einem gutdotierten Beruf nachgeht. Der Vater spielt, dass er einen Job hat, der ihn höchstens eine Stunde am Tag beschäftigt bei gleichzeitig ungemein hohem Einkommen. Und gemeinsam verbringen sie den Rest des Tages im Spiel mit dem Kind, denn dann ist auch schon wieder vergessen, dass dieses Spiel bestimmte Rollen verlangt, die verantwortungsbewusst ausgeführt werden sollten. Also spielen drei Kinder mit dem Puzzle oder dem Ball oder dem Dreirad und vergessen auf das ursprünglich angesagte Vater-, Mutter-, Kind-Spiel.

So ähnlich funktioniert das hier auch. Die Situation, die nach einer Lösung ruft, wird äußerst ernsthaft angegangen. Es ist ja kein Problem, es ist ein Spiel. Also beginnen wir mit Leichtigkeit und Freude. Nach einiger Zeit lenkt allerdings etwas anderes ab, zum Beispiel ein ganz wichtiges Fußballspiel im Fernsehen. Ägypten ist eine fußballbegeisterte Nation, alles sitzt bei wichtigen Spielen – und davon gibt es viele – in den Kaffeehäusern und genießt gemeinsam das Fußballmatch. Selbst die Köche in den Restaurants vergessen dabei manchmal, dass die Gäste auf das Abendessen warten.

Es kommt auch regelmäßig vor, dass die Minibusfahrer einfach ihre Wagen abstellen, um das Spiel irgendwo zu verfolgen, und die Straßen stundenlang wie leer gefegt sind. Dann nehmen wir eben ein Taxi, denken wir, weil einfach kein Bus kommt, der Dich irgendwohin bringt. Weit gefehlt, denn die

Taxifahrer sitzen mit den Busfahrern gemeinsam im Kaffeehaus.

Mafisch Mushkella! Dann gehen wir eben zu Fuß. Karawanen von nach-Hause-wollenden Menschen marschieren an solchen Abenden durch Ägyptens Straßen. Nur einige wenige, findige Busfahrer stopfen sich den Wagen voll und machen endlich einmal ein wirklich gutes Geschäft.

So haben wir an diesem Abend auch schon vergessen, was wir eigentlich lösen wollten. Denn das Fußballspiel und das Fehlen der Fahrgelegenheiten haben uns perfekt davon abgelenkt.

Es gibt noch unzählige andere Möglichkeiten, sich vom Problem-Lösen ablenken zu lassen. Eine wesentliche ist die Hitze.

Wer noch nie in einem heißen Land gelebt hat, kann sich nicht vorstellen, warum die Menschen hier so langsam sind und – nach europäisch-westlichen Maßstäben – nichts weitergeht.

Viele EuropäerInnen frieren drei Viertel des Jahres und wünschen sich nichts sehnlicher, als sich endlich im Süden aufzuwärmen. Sie kommen mit einem All-Inclusive - Arrangement angeflogen und liegen vierzehn Tage am Strand bei brütender Hitze. Die Haut verbrennt, aber man fährt mit dunklem Teint nach Hause zurück. Die 35 – 42°C tagsüber konnte man halbwegs überstehen, weil das gesamte Hotel auf 22°C herunter gekühlt ist, und das Zimmer entsprechend kalt zum Schlafen vorbereitet wurde, obwohl es nachts auch noch weit über 30° C hat.

Das reicht aber gerade, um sich endlich wieder einmal innerlich zu erwärmen und ein paar Reserven aufzubauen, die dann im regennassen und kalten Europa für wenige Monate an Wärme erinnern. Zurück bleibt die Idee, dass in einem heißen Land alles bestens läuft, denn es scheint jeden Tag die Sonne, und damit herrscht automatisch wahnsinnig gute Stimmung, und die Dinge sind leichter zu erledigen.

Das stimmt alles – teilweise.

Es ist wunderschön, jeden Morgen zu erwachen und strahlend schönes Wetter zu haben. Der Himmel leuchtet dunkelblau, das Meer grüßt in türkisgrün, und die Palmen wiegen sich manchmal in einem feinen Wind. Ja, das Leben ist schöner, wenn die Sonne scheint. Die Haut wird warm umspielt von den angenehmen Temperaturen, und wer in Europa immerzu friert, erfreut sich hier zumindest neun Monate lang an warmem Wetter.

Man kommt aus der Dusche und kann sich ohne Handtuch einfach trocknen lassen. Alle Frauen, die es nicht ertragen, wenn es im Badezimmer weniger als 28°C hat, sind hier gut aufgehoben. Es ist ein Genuss, sich immer warm und wohlig zu fühlen.

Auch tut die strahlende Sonne gut auf der Haut und erwärmt die kalten Knochen, die aus Europas Winter und mittlerweile ewig kalten Herbst- und

Frühlingszeiten laut nach Aufwärmen rufen. Das ist alles ein Traum, wenn man vierzehn Tage hier Urlaub macht, oder auch einmal die Chance hat, länger als vier Wochen zu bleiben.

Einen riesengroßen Unterschied macht es aber, immer in der Hitze zu leben. Wer nach einer bestimmten Zeit hier, wieder zurück in die eher kühlen nördlichen Regionen fährt, kann sich (notgedrungen) wieder abkühlen. Wer immer hier lebt, kann das nicht.

Wie das ist, wenn es monatelang um die 40°C und mehr hat, und nachts das Thermometer auch nicht unter 35°C fällt? Wenn keine Klimaanlage die Räume abkühlt, und die Luft jede Nacht steht wie eine heiße Wand? Wenn du aufwachst, schweißgebadet, sofern Du überhaupt schlafen konntest, ins Bad gehst und dich mit lauwarmem Wasser anschüttest? Denn kaltes Wasser gibt es keines im Sommer. Und dann zurück ins Bett tappst, nass auf dem Bett liegst und das bisschen Windhauch, erzeugt vom sich auf höchster Stufe drehenden Propeller an der Decke, das dich für zwanzig Sekunden abkühlt, genießt?

Das Bett selbst ist heißer als die Umgebung, denn es hat die Wärme des Tages in sich gespeichert. Du liegst also auf der heißen Matratze und alles, was du angreifst rundherum, ist auch heiß. Nur die Kühlelemente aus der Gefriertruhe, die einer sommerlichen Kälteflasche, dem Pendent der winterlichen

Wärmeflasche, entsprechen, geben kurzfristig eiskalten Trost.

Wie das ist, wenn man, egal was man tut, immer die Schweißtropfen am Körper entlang laufen spürt? Über das Gesicht ins Dekolleté, im Nacken patschnass, den Rücken hinunter... alles tropft. Und der Tisch, auf dem die Hände während des Schreibens liegen, ist nass. Und der Sessel auf dem man sitzt, sowieso. Wie fühlt es sich an, wenn du aufstehst und deine Hose klebt nass an den Beinen, und du weißt, da ist jetzt ein Fleck?

Und das ist monatelang so, es gibt kaum einen Tag, an dem dich der Wind so kühlt, dass du dich nicht heiß fühlst. Die heiße Luft kommt schon am Morgen bei den Türen und Fenstern herein, also schließt man besser, zieht den Vorhang vor und schwitzt im Haus etwas weniger als draußen.

Der Boden auf der Terrasse ist so heiß, dass man ihn barfuß nicht betreten kann, nicht einmal am Nachmittag, wenn die Sonne schon lange nicht mehr direkt darauf scheint.

Die Bougainvillea in den großen Blumentöpfen brauchen dreimal am Tag literweise Wasser, sonst beginnen sie zu vertrocknen. Die wenigen Bäume, die hier in der Wüste wachsen, sehen sich nach Wasser. Sie danken dir jeden Tropfen mit etwas mehr Blättern, mehr Blüten.

Ja, die Sonne ist hier extrem scharf, sie brennt erbarmungslos den ganzen Tag, und die Hitze zwingt dich irgendwann zum Langsamer-Werden. Es geht nichts mehr so schnell wie üblicherweise in einem kühlen Land. Wenn man schon im Sitzen schwitzt, wie erträgt man dann erst die Bewegung?

Wenn das Wasser schon über den Körper läuft, wenn man nur mit den Fingern die Computertastatur betätigen muss, wie fließt es erst, wenn man körperlich arbeiten soll?

Bei weit über 30°C Temperatur sind auch die Gedanken langsamer, alles scheint sich in einem großen warmen Sumpf aufzulösen. Nicht umsonst gab es Hitzeferien in Österreich während meiner Schulzeit. Gibt es die eigentlich immer noch?

Jetzt war also Frühsommer, und es war heiß. Auch in meinem Kopf und in meinen Gedanken. Den ganzen kalten Winter über hatte ich mit meinen Gefühlen für meinen ägyptischen Mann und ebenso mit seinen gekämpft, „gerungen" wäre vielleicht der bessere Ausdruck.

Wir waren schließlich an einem Punkt angelangt, wo nichts mehr so war, wie es in einer Ehe hätte sein sollen. Das, was vor knapp vier Jahren so schön begonnen hatte, hatte sich dem Ende zugeneigt. Eigentlich wollten wir beide weiterhin miteinander glücklich sein, wir wollten beide das Beste füreinander. Nur, es gelang uns nicht. Jedes Wort, das ausgesprochen war, um etwas in unserer Beziehung wieder ins Lot zu bringen, verfehlte sein Ziel und ver-

schlimmerte unsere ohnehin schon extrem ange-
spannte Situation noch mehr. Wir konnten es nicht
reparieren, hatten einfach weder die Kraft, noch die
Möglichkeiten, einander Halt zu geben oder Hilfe-
stellung. Wir waren nur mehr frustriert und genervt.
Und wir merkten gar nicht, dass wir die ganzen alten, eingefahrenen Muster lebten, die wir von unseren Familien übernommen hatten. Wir waren nicht
wir beide, sondern plötzlich waren da noch andere
mitbeteiligt. So wie wir als Kinder verschiedenste
Reaktionsweisen unserer Eltern und Großeltern beobachtet hatten, so agierten wir unbewusst auch
miteinander.

Manchmal wunderte ich mich, mit wem ich da
eigentlich ein Streitgespräch führte, manchmal fragte sich mein Mann, wohin ich denn verschwunden
war, wenn ich diese anderen Rollen spielte. Rollen,
die mir andere Gesichtsausdrücke gaben, andere
Worte in den Mund legten, als ich eigentlich gewohnt war, zu sagen. Wir redeten aneinander vorbei
und verletzten uns gegenseitig, so dass im Endeffekt
schon alleine deshalb geschwiegen wurde, weil wir
uns das nicht noch weiter antun wollten. Wir hatten
Gutes im Sinn, aber es war unmöglich, es auch zu
leben. Schweren Herzens verstand ich, dass mir zu
dieser Zeit nur eines übrig blieb. Nämlich mich aus
unserer Ehe zu lösen.

Es war mir, als wäre eine Mission, die ich zu tun
hatte, endgültig erfüllt. Ich hatte alles ausgeschöpft,
was ich an Wissen und Können, an finanziellen und

gefühlsmäßigen Mitteln aus Europa mitgebracht hatte. Alles war ausgegeben, ausgelebt, aufgebraucht worden in diesen drei Jahren, die wir miteinander gelebt hatten.

Ich war an meinen absoluten Grenzen angekommen und sah keinen Weg weiter. Die Mauer, die vor mir lag, war unüberwindlich hoch, und ich konnte keine Türe hindurch finden, die mich in ein erhofftes schöneres Leben dahinter hätte führen können.

Alle Versprechungen, alle Erwartungen, alle schönen Reden waren im Endeffekt nicht erfüllt, waren leere Blasen geworden, die wie bunte Seifenblasen so wunderschön anzusehen, aber ebenso schnell zerplatzt waren, wie es die echten tun. Auch wenn man sie nicht angreift, wenn man sie nur betrachtet, sind sie über kurz oder lang nicht mehr vorhanden.

Ich fühlte mich betrogen und war in einem schrecklichen Zustand, der nur mehr das Ende unserer Ehe bedeuten konnte. Egal, was ich im letzten Jahr versucht hatte, um unsere Beziehung zu retten, es war in meinen Augen gescheitert. Unsere Ehe erschien mir in diesen Monaten wie ein Karussell, in das ich bereitwillig eingestiegen war, allerdings unter der Annahme, dass es ein fröhliches Erlebnis wird, so wie ein Kind im Wiener Prater in eines dieser angepriesenen Ringelspiele steigt, weil es erwartet, dass es etwas Schönes, Fröhliches, Besonderes erleben wird. Dass sich das Karussell dann immer schneller dreht und sich anscheinend als Geisterbahn entpuppt, die am Ende sogar schreckliche Gestalten auftauchen lässt und Furcht und Angst auslöst, das war ursprünglich nicht vorauszusehen und nicht geplant gewesen. Natürlich waren in unserer Ehe keine gefährlichen Gestalten erschienen, aber das überschwängliche Glück und die Liebe unserer Beziehung hatten sich zu Verzweiflung und Alleine-Sein im Schweigen verändert. Wir waren todtraurig und entsetzt über diese Entwicklung, der wir sichtlich nicht Herr wurden. Wie so oft in solchen schlimmen Zeiten wurden Worte ausgesprochen, die nicht mehr zurückzunehmen waren, wurden Verletzungen und Schmerzen hervorgerufen, die man eigentlich niemandem antun wollte, aber dem Ehepartner seltsamerweise doch antat.

Ich bat Freundinnen um Hilfe, die mich zu meinem Glück mit entspannenden und aufbauenden Massagen, Reiki und speziellen Sessions unterstützten, wieder in meine eigene Energie zu kommen, zu meiner Kraft und zu meiner innersten Sehnsucht. Mein Mann wählte einen anderen Weg der Aufarbeitung, den er alleine und mit einer großen körperlichen und seelischen Last zu gehen hatte.

Ich durfte in diesen und den nachfolgenden Monaten erkennen, welche tiefsitzenden, unbewussten Programme mich im Sinne von alten Überzeugungen und Glaubenssätzen steuerten, und warum gewisse Dinge sich jetzt in dieser Beziehung so darstellten, wie sie das taten. Die Erlebnisse, durch die ich durchgehen musste, und die Erkenntnisse, die ich daraus gewinnen durfte, sind Thema für eine andere Geschichte. Was blieb, war die Gewissheit, dass alles im äußeren Leben ein Spiegel meiner inneren Welten ist. Ein Hilfsmittel, um zu erkennen, welche Bereiche in mir noch nach Erlösung und Heilung rufen. Eine Gelegenheit, sich im Gegenüber zu erfahren. Nur die verbrannte Erde, die solche bewegenden und herausfordernden Beziehungen erst einmal hinterlassen, braucht dann Zeit zur Heilung. Aus diesem Grund war es notwendig, Abstand zu nehmen und mich in aller Ruhe auf die Zeit der Selbsterkenntnis einzulassen. Es war noch viel zu früh, um meinen Ehemann um Verzeihung zu bitten, und ebenso konnte ich seine Entschuldigung noch nicht annehmen.

Wesentlich war, dass ich begann, mich mehr und mehr selbst zu verstehen und die letzten Reste der Zwiebelschalen, die ich um meinen eigenen wahren Kern abzulösen hatte, tatsächlich abnehmen konnte.

Nach langen inneren Kämpfen war ich zu mir selbst vorgedrungen! Ich hatte einen Riesenschritt gemacht. Alle Ängste und Nöte der letzten zehn oder mehr Jahre, alle Traurigkeit und Enttäuschung, alle durchwachten Nächte, alle Rückenschmerzen, die mich in schlimmsten Zeiten ins Bett zwangen und mich wie gelähmt liegen ließen und die Herzbeschwerden, die mich daran erinnerten, dass ich gegen meinen eigenen Lebensrhythmus und gegen meine Liebe lebte, all das bekam plötzlich einen tieferen Sinn.

Damit erhielt ich das Geschenk, das uns am Ende eines steinigen und steilen Berges immer nach dem Aufstieg erwartet: Der wahnsinnig schöne Blick über alle Berggipfel, die klare Weite der Sicht, der Überblick über all das, was hinter uns lag.

Ich schrieb während dieser erkenntnisreichen Zeit an einer Analyse, die ich beruflich für eine Schweizerin und Ihre Klientin machte.

„Wichtig ist noch, dass sie lernt, sich aus den Gefühlen herauszunehmen, als Beobachterin sich anzusehen, was sie und wie sie gerade fühlt, sie braucht es aber nicht immer wieder zu durchleben. Der Schmerz wird nicht weniger, wenn wir intensiver hineingehen. Er wird nur deutlicher, dichter. Es ist völlig unnötig, ihn noch einmal zu erleben, wenn wir einmal erkannt haben, dass da grundsätzlich Schmerz ist. Viel schöner ist die Lösung. Sich darum zu bemühen, sich vorzustellen, wie es sich (ohne den Schmerz) anfühlt, in einem neu zu definierendem Zustand zu sein. Was wünsche ich mir, und welches Gefühl entwickelt sich dabei, wenn ich die Erfüllung des Wunsches jetzt schon habe? Du kennst das? Es ist: einfach den Fokus verschieben. Damit löst sich das Alte von selbst, weil es keine Energie mehr bekommt. Natürlich muss man wach sein und ständig aufpassen, was man den lieben, langen Tag so denkt und sich immer wieder korrigieren, wenn die Gedanken wieder abschweifen in die alte Geschichte, und die Gefühle versucht sind, sich wieder im Schmerz zu suhlen ... Aber die Entscheidung liegt ja bei uns, wie wir unsere Tage, Stunden, Minuten und Sekunden gestalten. WIR entscheiden, welche Gedanken und Gefühle wir jetzt haben wollen. Nur wir, kein anderer ... vielleicht kannst Du ihr das mit einem lieben Gruß von mir nahebringen.

Es gibt so viel Hilfe rundherum. Eine Buchempfehlung: Dr. Wayne Dyer: „Der wunde Punkt" oder: „Keine Ausreden! Wie wir destruktive Denkmuster ändern können" ... ganz super, leicht zu lesen und umzusetzen."

So begannen sich über die nächsten Monate die einzelnen Teile auch meines Puzzles zusammenzusetzen, und ich durfte erkennen, welch langen, schweren Weg ich gegangen bin und zu welchem Zweck. Ich fühlte mich wie von einer großen Hand getragen und auf die Spitze des Berges gesetzt. Vor kurzem hatte ich noch unter Mühen die einzelnen Schritte gemacht, Stein um Stein überwunden, jetzt flog ich plötzlich auf den Gipfel. Und der war wunderschön!

Wirklich, dieser Berggipfel war die Anstrengung wert gewesen.

Vielleicht fühlt man sich so, wenn man einen 8000er im Himalaya erklommen hat und dann wieder im Basislager ankommt. Ich stelle mir dieses

Gefühl der Befreiung und der Erleichterung ähnlich vor. Es war so unglaublich schön und leicht. Ich konnte kaum glauben, dass ich den harten Weg der Erkenntnis tatsächlich hinter mich gebracht hatte.

Dieses neue Gefühl hielt an. Mein Herz war leicht, es war fröhlich, mein Kopf war erlöst von all den dumpfen Gedanken, die mich noch vor kurzem gefangen genommen hatten.

Ich spürte und ich wusste, es hat sich etwas Elementares in meinem Leben ereignet. Eine Veränderung meiner Wahrnehmung, die alles, was ich bisher gesehen, gehört, gefühlt und geglaubt hatte, absolut in den Schatten stellte. Ich konnte nicht anders, als es als „Quantensprung" zu bezeichnen.

Ich fühlte mich plötzlich in einer anderen Realität.

Ich erfuhr die Welt in einer anderen Weise. Es war kaum in Worte zu fassen, was sich da Neues für mich darstellte.

Ich lief durch die gleiche Stadt wie vorher auch schon, ich kannte die Straßen und Plätze, und trotzdem erfuhr ich sie anders. Vielleicht auch deswegen, weil sich jetzt plötzlich alles so schnell einstellte, wie ich es mir wünschte.

Ich dachte an einen Menschen und dieser Mensch rief an, ich wünschte mir etwas Spezielles, und schon sah ich es vor mir. Ich spielte mit diesem neuen Gefühl, dass ich nur meiner inneren Stimme Gehör schenken musste und es sofort umsetzen konnte. Das war der wesentliche Punkt!

Ich musste es SOFORT umsetzen!

Dann – und nur dann – funktionierte es so genial. Eine Zeitlang übte ich vorsichtig mit kleinen Dingen und erzielte mehr und mehr positive Resultate. Manches Mal gelang es nicht gleich, ein anderes Mal hingegen verblüffend schnell.

Der erste große Zustand, der sich so für mich änderte, war wieder einmal meine Wohnsituation.

Wien. 2005 I.

Mein Handy summte. Eine SMS kam herein. Ich schob mich mühevoll zwischen Sessel und Schreibtisch hoch, um nach meinem Handy zu suchen. Mein Kopf war voll mit Dingen, die noch zu erledigen waren. Die Arbeit an zwei Computern gleichzeitig, unterbrochen von ständigen E-Mails, die hereinfluteten, und dem Surren und Klingeln zweier Telefone, machte mich noch verrückt.

Mitten in einem kreativen Denkprozess sollte ich nicht ständig gestört werden, dachte ich und murrte vor mich hin. Die nächste PowerPoint-Präsentation war noch nicht fertig, das Seminar stand vor der Türe und ich suchte kopflos mein privates Handy, das ich doch ganz sicher in der Küche neben dem Kühlschrank abgelegt hatte. Oder doch nicht? Während ich etwas verwirrt in der Wohnung herumirrte, nagte ein anderer Gedanke an mir. Wieder stand ein Wochenende vor der Tür, das ich vermutlich alleine zu Hause verbringen würde. Und aller Wahrscheinlichkeit nach mit Arbeit eingedeckt, die mir ständig über den Kopf wuchs. Es war demnach vermutlich auch nicht als Entspannungszeit zu nutzen. Nein, ganz sicher würde es wieder so ablaufen wie alle meine Wochenenden, seit mein Lebensgefährte und ich uns vor ein paar Monaten getrennt hatten.

Früher waren wir Samstag und Sonntag gemeinsam mit den Kindern irgendwohin gefahren. Irgendwo aufs Land, den Kühen nach oder den Pferden. Wir waren Tennisspielen oder Reiten gewesen, sicher aber arbeitete ich an so heiligen Tagen wie Samstag und Sonntag nicht. Seit ich alleine mit meinen Kindern lebte, verbrachte ich jedoch mehr und mehr Zeit vor dem Computer, mit Tabellen und E-Mails beschäftigt, die in einem nie enden-wollenden Strom durch die Internetkabel an meinen Arbeitstisch gelangten. Manchmal gewann ich den Eindruck, die Arbeit vermehre sich bedingt durch meine Aufmerksamkeit. Aber dann schalt ich mich eine Närrin und beschäftigte mich noch mehr mit den Tabellen und der Bearbeitung von Anfragen und der Betreuung von Kunden. Hätte ich doch ein wenig nachgedacht und etwas mehr über das Phänomen der universellen Matrix gewusst, es wäre ein Leichtes gewesen, meine Aufmerksamkeit statt auf Multitasking, das mich wirklich an den Rand des Nervenzusammenbruchs brachte, auf das Fokussieren meiner Energie auf das gewünschte Ergebnis zu richten.

Genaugenommen hätte ich mir besser vorstellen sollen, wie sich die Dinge mühelos und fast wie von selbst erledigen, es wäre mir einiges leichter gefallen. Und ich hätte zwischendurch auch einmal Zeit zum Verschnaufen gefunden. In diesen Pausen hätte ich mich mal gemütlich aufs Sofa legen, schöne Musik anhören und ein bisschen träumen können. Tja, aber genau das war ja zu vermeiden. Das Träumen nämlich. Ich wäre sonst mit meiner noch nicht aufgearbeiteten vergangenen Beziehung konfrontiert gewesen und mit dem Verlust, den ich nun – nach der Trennung – zu verdauen hatte. Und das wollte ich auf keinen Fall. Da stürzte ich mich doch lieber auch am Wochenende in aufregende Herzfrequenzrhythmen und chronobiologische Frequenzmuster.

Diesmal aber kam es, dass ich plötzlich völlig andere Pläne für das herannahende Wochenende entwickelte. Als ich mein Telefon dann doch endlich fand, es lag selbstverständlich im Badezimmerregal, wo ich es am Morgen vor der Dusche hingelegt hatte, grinste es mich verschmitzt an. Mein Handy kann das. Immer dann, wenn eine SMS kommt, die ich absolut nicht erwartet hatte. So wie diesmal. Die Textnachricht war von Tom.

„Liebste K, bist du schon wieder in festen Händen oder darf ich noch hoffen? Ich bin in P., magst du mich besuchen kommen?"

Wien. 2007. Ich bereite meine Übersiedlung nach Ägypten vor.

Ich sitze vor dem PC und arbeite. Das heißt, ich versuche zu arbeiten, aber tausend Gedanken füllen die Räume, die ich eigentlich im Gehirn bräuchte, um die Wohnung fertig auszuräumen und die Koffer zu packen.

Es ist nur mehr ein Monat, und dann übersiedeln wir. Fliegen in ein Land, in dem ich so viel Zeit verbringen wollte wie nur möglich. In ein Land, das mich anzieht, das ich lieben gelernt habe und in dem ich geliebt werde.

Ich fahre zu meinem ägyptischen Ehemann, mit dem ich seit mehr als einem Jahr glücklich verheiratet bin.

Haben Sie schon einmal eine Wohnung aufgelöst? Alles verpackt und verstaut? Vermutlich werden Sie diese Frage mit einem JA beantworten. Welcher erwachsene Mensch ist nicht schon mindestens einmal oder mehrmals umgezogen. „Ein Umzug ist schlimmer als dreimal abbrennen", sagt ein altes Sprichwort. Und ich weiß, da ist viel Wahres dran. Ich gehöre zu den Menschen, die schon so oft im Leben umgezogen sind, dass es sich nicht mehr lohnt, es zu zählen. Schon als Kind gestalteten meine Eltern unser Leben spannend, denn wir hatten vier Wohnsitze, bevor ich siebzehn Jahre alt war.

Also erlebte ich bewusst drei Übersiedlungen noch in meiner Jugend. Eine weitere, als ich in meine Studentenwohnung zog, dann noch eine in meiner ersten Ehe.

Als ich diese auflöste, zog ich natürlich wieder um, lebte fünf Jahre mit meinem Freund zusammen, zog um in eine Wohngemeinschaft, nach weiteren fünf Jahren von dort in eine andere WG. Und dann noch in unser Haus, aus dem ich mich nun gerade verabschiedete, um nach Ägypten zu wandern. Dass ich auch dort sechs verschiedene Wohnungen innerhalb von sieben Jahren besiedeln würde, war nicht vorauszusehen.

Eine Erkenntnis dazu: Ich scheine eine Art Wandervogel zu sein. Manche Menschen leben ein halbes Leben an einem Ort, mich zieht es immer wieder weiter. Ich gebe zu, ich genieße den Wechsel auch. Ich mag Veränderung, Neues kennenlernen. Ich mag mich gerne verbessern, auch beim Wohnen.

Und es war eigentlich immer ein Fortschritt, der durch eine Veränderung entstand. Daher blicke ich auch auf die unangenehmen Wohnungswechsel, die mit langwieriger Packerei verbunden sind, zumindest mit einem Teil in mir, voll Freude.

Es steht eine Verbesserung an. Nichtsdestotrotz macht es einen Unterschied, ob man innerhalb eines Landes übersiedelt oder in ein weit entferntes Land „auswandert", wie das so schön heißt.

Da überlegt man sich natürlich zehn Mal, ob man das bestickte Tischtuch der Großtante wirklich zum Gepäck tun möchte oder sich besser für die Tischsets entscheidet, die dem Wüstensand zwar auch nicht entscheidend trotzen, der jeden Tag den Esstisch ziert, aber wenigstens der Waschmaschine und dem scharf gechlorten Wasser, das der Tankwagen bringt.

Diese Überlegungen beschäftigten mich während dieser Zeit und lenkten mich von meiner eigentlichen Arbeit ab. Der Tag der Übersiedlung näherte sich unaufhörlich, und ich war noch nicht weit genug mit dem Ausmustern, Verschenken und Wegwerfen gekommen, als dass ich den weiteren Ereignissen mit ruhigem Herzen entgegen gehen konnte.

Ganz entgegen meiner seit Jahren vertrauten Angewohnheit, ruhig zu bleiben und meinen Gefühlen nicht zu gestatten, mich zu überwältigen, ließ ich mich diesen Frühling von allerlei unterschiedlichen Empfindungen irritieren. Der „störende" Faktor in meinem Leben war dabei der ständige Gedanke an Dich. Ich weiß nicht warum, aber ich konnte seit einiger Zeit nur mehr an Dich denken. Du begleitetest mich durch meine Tage, saßest bei mir am Schreibtisch, nicktest mir während der zahlreichen Besprechungen aufmunternd zu und legtest Dich am Abend neben mich ins Bett.

Du warst immer höflich, zärtlich und liebevoll. Nie hatte ich den Eindruck, dass Du irgendetwas von mir verlangst. Immer warst Du einfach nur bei mir und um-

hülltest mich mit zarter Liebe, die ich dankbar annahm. Ich fühlte mich so wohl in Deiner Umgebung, dass ich am Morgen schon auf den Polster neben mir griff und zärtlich Deine Haare streichelte.

Gleichzeitig war mir natürlich klar, dass ich mit einer Idee lebte. Ich bin ein erwachsener Mann, der Realität und Traum durchaus auseinander halten kann. Trotzdem war es verlockend, so leicht und einfach mit Dir umzugehen. So bekam ich mehr und mehr den Eindruck, dass wir das auch in Realität gemeinsam leben könnten. Du warst schon so sehr Teil meines Lebens, dass ich mich eigentlich wunderte, warum Du nicht schon längst richtig mit mir lebtest. Also schickte ich dir eine E-Mail, die ich eigentlich schon vor langer Zeit, nämlich vor zwei Jahren, geschrieben hatte. Bisher war ich nur nicht wagemutig genug gewesen. Aber jetzt, jetzt fühlte es sich richtig an. Und so einfach wie es für mich nun aussah, fragte ich Dich, ob Du mich (nun endlich) heiraten möchtest.

Ich konnte mir natürlich vorstellen, dass ich Dich etwas verwunderte, aber ich dachte, dass Liebe in jedem Fall alle Grenzen überwinden konnte und ich sah immer noch deine grünen Augen vor mir, wie am ersten Tag, als ich endlich tief hineinsehen durfte. Also schickte ich meine Anfrage ab und erwartete mit Hochspannung und Aufregung deine Antwort.

In Wirklichkeit war ich völlig im Stress, ich wusste nicht, wo mir der Kopf steht, vor lauter Hin- und Herräumen, die Wohnung war groß und im Laufe der Jahre hatten sich viele schöne Dinge angesammelt, die ich nicht einfach wegwerfen und vieles auch nicht wegschenken wollte.

Im Endeffekt blieb mir aber gar nichts anderes über. Ich konnte nur die allerwichtigsten Dinge behalten. Ein Teil ging mit nach Ägypten per Spedition mit dem Schiff, ein Teil blieb in Kartons verpackt in Wien.

Und mitten in diesem Chaos, das mich knapp am Wahnsinn vorbeigehen ließ, erhielt ich eines Tages eine E-Mail von Tom in meiner Mailbox.

Es war nicht die erste E-Mail, seit wir uns zum letzten Mal im Oktober 2005 gesehen hatten. Er hatte über die Jahre immer Kontakt gehalten, mir ab und zu einen lieben Gruß gesendet, zu Weihnachten bekam ich immer eine Weihnachtskarte. Es war also fast normal, wieder einmal etwas von ihm zu hören.

Diesmal allerdings war ich über den Inhalt seiner Nachricht überrascht.

„Darf ich nach Wien kommen und um deine Hand anhalten?"

Wie bitte? Ich las die Zeilen noch einmal. Es könnte ja sein, dass ich nicht mehr so gut Englisch verstehe. Was meinte er mit „... to ask your nice hand"? Ich gestehe, ich war berührt.

Wir hatten uns immerhin jetzt zwei Jahre nicht gesehen und uns damals eigentlich ohne viele Worte getrennt, und jetzt möchte er mich heiraten? Ich verstand die Welt nicht mehr. Außerdem war ich ja schon verheiratet.

Tja, aber nicht mit ihm. Eben.

Also musste er mich fragen, wenn es ihm ein Anliegen war. Und warum kommt er jetzt erst drauf? Warum nicht schon früher?

Ich schüttelte den Kopf. Vielleicht interpretierte ich das alles falsch. Um sicher zu gehen, rief ich meine Mutter, die an diesem Tag, wie an so vielen Tagen, bei mir war und mir half zusammen zu packen.

„Was liest Du da? Kannst Du mir erklären, wie Du das verstehst?"

Sie sah über meine Schulter auf den Monitor. Mit einem schwachen Lächeln meinte sie: "Er macht dir einen Heiratsantrag. Oder wie siehst Du das?"

Na bitte. Ich kann doch noch Englisch. Aber das kann doch gar nicht sein. Ich sah sie fragend an.

Kann ein Mann wirklich so lange warten? Warum war er nicht früher damit gekommen, und was hätte ich darauf gesagt? Hmm. Gute Frage.

Ich kratze mich am Kopf. Seltsam. Dass ich von jemandem immer noch geliebt werde und das gar nicht merke. Und wenn er es mir gesagt hätte, hätte das etwas verändert? Würde ich ihn deshalb heiraten wollen?

Ich wusste nicht, was ich denken sollte. Ich war ziemlich verwirrt. Und ich gebe zu, in all der Verwirrtheit fühlte ich mich geschmeichelt. Wieder einmal.

Und der Gedanke an ihn wärmte mein Herz, und er brachte mich auch zum Lächeln. Ich fühlte mich geliebt, begehrt und umschwärmt.

Da war ein Mann, der mich seit Jahren nicht gesehen hatte und mich blindlings heiraten wollte. Verrückt.

Das holte mich in meine momentane Realität zurück. Ich war bereits verheiratet und ich war dabei, nach Ägypten zu übersiedeln. Daran ließ sich nicht rütteln. Das waren Fakten, an die ich mich halten konnte und wollte. Und das schrieb ich ihm dann auch.

„Es tut mir leid, aber ich bin schon verheiratet – seit letztem Jahr. Und mein Mann erwartet mich in vier Wochen in unserer gemeinsamen Wohnung. Und wir haben uns doch so lange nicht mehr gesehen. Wie kommt es, dass Du mich jetzt um meine Hand fragst?"

Die Antwort kam prompt.

Tom zog sich vorsichtig zurück. Er schrieb, das sei schon in Ordnung, er hätte mir nur seinen Respekt erweisen wollen. Er wünsche mir alles Glück in meiner neuen Heimat und würde sich freuen, wenn wir trotzdem in Verbindung bleiben könnten.

Was ich verstand war: Er liebte mich, aber er bewahrte seine Fassung und wollte mir sichtlich nicht im Weg stehen oder mir irgendwie Druck machen.

Oh, jetzt verwirrte er mich noch mehr. So kannte ich ihn gar nicht. Dieser Mann gab normalerweise so schnell nicht auf. Das konnte nicht stimmen. Aber ich war zu sehr beschäftigt mit meinen Vorbereitungen, als dass ich auf diese Ungereimtheiten weiter geachtet hätte.

Das hätte ich mir eigentlich denken können. Deine Antwort war sehr lieb, aber eindeutig eine Absage. Wie kam ich bloß auf die Idee, dass es Dir genauso gehen könnte wie mir? Was war bloß in mich gefahren anzunehmen, Du würdest mit Freude auf meinen Antrag eingehen? Ich gebe zu, ich war über mich selbst verwundert.

Aber als ich meine Frage abgeschickt hatte, war alles so logisch und klar erschienen. Warum solltest Du mich nicht auch noch immer lieben, warum nicht mit mir leben wollen? Ich versuchte, so unbeschadet wie möglich, aus der misslichen Situation heraus zu kommen.

Ich erklärte Dir, dass es einfach eine Respektsbezeugung sei, und ich wünschte Dir alles Gute und viel Glück im neuen Land und hoffte, dass wir trotzdem in Kontakt blieben.

Wir mussten einfach. Ich liebte Dich doch so sehr.

Wien. 2005 II.

Okay, es war eigentlich ganz einfach. Ich war ungebunden (abgesehen von der Tatsache, dass ich mit meinen beiden Töchtern zusammenwohnte und für sie als Mutter bis zu deren Volljährigkeit noch verantwortlich war), aber ich steckte in keiner Beziehung, war niemandem Rechenschaft schuldig und konnte mich frei bewegen. Tatsächlich konnte ich alles machen, was ich machen wollte. Nachdem ich alt genug war, die Konsequenzen zu bedenken, durfte ich mich bedingungslos betrinken, was ich nie tat. Ich konnte die ganze Nacht aufbleiben, wenn mir das Spaß machte, im Gegensatz zu meinen Teenagertöchtern, denen dieses Vergnügen noch verwehrt war. Ich konnte nichts essen oder alles, Schokolade kiloweise verschlingen (was mir nicht schmeckte, aber meiner Figur nicht geschadet hätte) oder mich mit Lichtnahrung füllen. Es war mir nichts verboten und alles möglich.

Aber konnte ich wirklich einfach so nach P. fliegen?

Mein guter Freund Georg, der in diesen Tagen zuständig war für gute Tipps und wortgewaltige Erklärungen zum Leben im Allgemeinen und meinem alten Liebeskummer im Besonderen, lud mich auf ein Bier im Biergarten ein. Dort nützte er die Gelegenheit mir fest ins Gewissen zu reden.

„Du musst fahren, kauf dir ein Ticket im Internet und flieg! Du bereust es sonst bis ans Ende deiner Tage!"

Das war natürlich ein treffendes Argument, trotzdem regte sich meine Ängstlichkeit: „Aber ich kann doch nicht einfach so mir nichts, dir nichts, den Tom treffen. Wer weiß, was er von mir erwartet?"

„Na, die eigentliche Frage ist eher, was erwartest denn du von ihm?", grinste Georg mich verschmitzt an.

Soweit hatte ich mich noch gar nicht zu denken getraut. Ich erwartete doch eigentlich gar nichts. Oder? Was macht es mir denn dann so schwierig, mich mit Tom zu treffen? Tief in meinem Herzen spürte ich aber ganz heftige Bewegungen. Wir hatten uns zwar jetzt schon zwei Jahre nicht gesehen, aber jedes Mal, wenn ich eine seiner spärlichen Nachrichten bekommen hatte, gab es mir immer einen Stich, und dann bekam ich Bauchweh vor lauter Aufregung. Genauso ging es mir jetzt auch wieder. Ich hatte tatsächlich so ein seltsames Flattern im Bauch. Keine Schmetterlinge, nein. Die fühlen sich ja gut an. Ich hatte, wie sagen die Deutschen dazu, Fracksausen. Was ist das eigentlich für ein blödes Wort? Egal, es passte genau zu meinem Gefühl. Ich hatte Angst.

„Hast du etwa Angst?", fragte mich daraufhin prompt mein allwissender Freund Georg und starrte mich unverwandt an.

Diesem Blick hielt ich nicht stand. Er war durchdringend und erkannte alles, egal, wie tief man es versenkte und versteckte. Georg ist ein Wassermann, so wie ich auch. Deshalb versteht er ja immer alles. Wir Wassermänner und –frauen WISSEN es einfach. Schrecklich ist das, so durchschaut zu werden.

Ich wand mich unter seinem Blick.

„Du musst sofort buchen! Sofort! Hörst du? Ich kann dich nicht mehr ansehen, du verzehrst dich ja schon vor lauter Sehnsucht."

„Aber glaubst du wirklich, dass ich es wagen soll? Ich kenne ihn doch überhaupt nicht. Da kann ich doch nicht einfach ein paar Tage mit ..."

„So einen Blödsinn hab ich ja noch nie von dir gehört", fiel mir Georg ins Wort. „Du kannst sehr wohl. Wenn es dir nicht gefällt, dann kommst du halt früher nach Wien zurück. Buchst einfach um, wo ist das Problem?"

Natürlich war es verlockend, dem Ruf nachzugeben. Aber meine Angst vor einer weiteren Verletzung war groß. Was, wenn ich mich täuschte und Tom nur ein Abenteuer mit mir suchte. Unsere SMS-Gespräche im Jahr 2003 hatten zwar sehr aufregend begonnen, aber ich konnte und wollte nach ein paar Wochen nicht mehr so weiter machen. Ich fühlte mich schuldig, dass ich mich in jemanden verliebt hatte und gleichzeitig mit meinem Lebensgefährten lebte. Das war nicht zu vereinbaren. Und unsere, wenngleich schon belastete und nicht mehr sehr glückliche Verbindung wollte ich trotzdem nicht aufs Spiel setzen. Immerhin hatten wir Kinder miteinander, deren Glück mir am Herzen lag. Ich wünschte mir für sie so sehr eine intakte Familie. Auch wenn es mehr eine Wunschvorstellung von mir war, als meine gelebte Realität.

Aber jetzt musste ich nicht mehr an eine Beziehung denken, denn ich hatte gar keine. Ich war doch frei in meiner Entscheidung. Und trotzdem. Viele Fragen schossen mir durch den Kopf. Was, wenn Tom sich nur selbst bestätigen wollte? Oder vielleicht nur für eine soeben beendete Beziehung Ersatz suchte? Ja, ich war in diesem Moment nicht so waghalsig, wie mich Freunde später bezeichnen würden. Ich war eigentlich eher ängstlich. Kann man vorbeugend Entscheidungen für oder gegen Enttäuscht-Werden treffen? Lassen sich Gefühle vorprogrammieren? Ereignisse vielleicht? Oder stößt uns einfach alles so zu, wie es eben kommt? Scheinbar aus heiterem Himmel, ohne weiteren Einfluss unsererseits?

Meine Ängstlichkeit gepaart mit Verwirrung war groß. Geduldig hörte sich Georg all meine Argumente an. Er kannte mich gut genug, um zu wissen, ich würde im Endeffekt das Richtige entscheiden.

Und was war das Richtige? Die einzige Antwort, die ich kannte, war: DAS LEBEN! Georg grinste. Ihm war schon lange klar gewesen, dass mich nichts in der Welt abhalten könnte, mich in Bewegung zu setzen und ins Leben zu gehen. Selbst wenn in der Bewegung an sich die Gefahr des Stolperns und Fallens bestand, mir war es immer lieber gewesen, zu fallen und wieder aufzustehen, als aus Gewohnheit und in Starre an einem Platz zu verharren.

Mein lieber Freund musste nicht noch viel mehr an Überredungskünsten an mir verschwenden. Ich hatte den Beschluss, mich auf dieses Abenteuer einzulassen, eigentlich schon lange gefasst. Mir war nur viel wohler, wenn ich all meine ängstlichen Gedanken laut aussprechen durfte und wusste, ich würde von ihm verstanden. Danach war mir besser.

Und so kam es, dass ich meine Töchter der Obhut ihrer Großmutter anvertraute und mich zwei Tage später auf den Weg zum Flughafen machte. Ganz wohl war mir zwar immer noch nicht, aber wie Georg schon gesagt hatte. Ich hatte nichts zu verlieren, und ich konnte alles tun, was ich wollte. Ja, das schon. Aber, was wollte ich denn eigentlich?

Ägypten. Anfang Mai 2010.
Mein Traum 1.

Du bist in der Stadt, in der ich auch gerade bin, und ich möchte Dich telefonisch erreichen, weil ich deine Pläne nicht kenne und Dich unbedingt treffen will. Ich versuche ständig, Dich per Handy anzurufen, aber mein Telefon spinnt, und ich erhalte auf dem Display immer Filmsequenzen vom Leben in dieser Stadt, und wie die Menschen sich hier bewegen. Ich muss mir das immer erst ansehen, bis ich endlich zur Telefonfunktion komme, aber die funktioniert dann wieder nicht.

Außerdem entleert sich der Akku ständig, und ich frage bei einem Sammeltaxi, ob sie mir helfen können. Die Männer sind sehr freundlich und laden mein Telefon auf. Wir stehen auf einem der vielen Berge der Gegend, und ich schaue mich um. Von allen umliegenden Bergen strömen Menschenmassen Richtung Tal.

Ich weiß, Du bist auch dort unten irgendwo und ich weiß auch, dass wir uns treffen werden. Aber ich kenne den Ort, an dem wir uns treffen wollen, nicht. Es ist nichts Genaues vereinbart, und ich bin schon ganz nervös, weil ich keine Telefonverbindung zu Dir bekomme.

Später fahre ich mit dem Sammeltaxi den Berg hinunter, und der Taxifahrer gibt mir den Tipp, die

Steckdosen in den öffentlichen Toiletten zu verwenden, um mein Handy fertig zu laden. Ich bedanke mich und steige schließlich mitten in der Kleinstadt aus. Unendlich viele Menschen sind um mich herum, alles strömt einem großen Gebäude zu, das wie eine Mischung aus Kirche und Versammlungshalle aussieht. Viele, viele Menschen. Und ich halte Ausschau nach Dir, aber ich kann Dich nirgends sehen. Ich schließe mich der Menge an und komme auf einen Platz, wo mich alle Leute kennen. Eine Frau bedankt sich bei mir über eine Filmbotschaft über mein Telefon für die gute Behandlung und erinnert mich, dass ich ihr eine spezielle Kräutersalbe versprochen habe. Mit meiner Suche nach Dir völlig abgelenkt, hab ich das tatsächlich ganz vergessen. Ich bin froh, dass sie mich darauf hinweist, denn es fällt mir noch eine andere Frau ein, für die ich auch eine Salbe vorbereitet habe.

Wir erreichen endlich diese große Kirche. Auch hier ist alles schon voll. Ich nehme meinen Platz ein in einer Diskussion, was mit einem der Pfeiler geschehen soll, der mitten in einer Art Straße oder Weg aus der Kirche steht. Er sieht aus wie eine Mischung aus einem dicken alten Baum und einem Stahlträger, riesig in Umfang und Höhe. Einer erklärt, dass er (wie) ein „Raum/Zeit"-Konzept ist, das man wegschneiden kann, weil es auf eine andere Zeit bezogen ist, die vorher ist, und danach würde er auch nicht mehr im Weg stehen. Wir besprechen, ob man ihn einfach fällen bzw. zersägen kann, oder ob dann das Dach mit einstürzen wird. Es wird die Frage ins

Publikum gerichtet, ob es auch die „Raum/Zeit"-Idee sehen könne.

Ich sitze auf einer Brüstung in der Nähe des Pfeilers und schaue in die Menschenmasse, die gerade wieder beim Eingang hereinschwappt. Ich mustere die Gesichter und plötzlich kommst Du auf mich zu. Einfach so – bist Du da.

Du schaust mich mit einem offenen, klaren, liebevollen und fragenden Blick an, und ich spring von meinem Platz hinunter und bin schon bei Dir.

Wir umarmen und halten einander, und Du küsst mich wieder und wieder, und ich erwidere Deine Küsse schließlich. Mir ist bewusst, dass wir im Blickpunkt aller hier stehen und der Austausch unserer Zärtlichkeit von der Menge beobachtet wird. Ich sage Dir, dass mich alle hier kennen und mir das unangenehm ist, und wir eigentlich aufhören sollten. Aber wir küssen und küssen uns immer wieder, bis es schon fast „unschicklich" ist. Ich drücke mich noch mehr an Dich und gleichzeitig ist es mir ein bisschen peinlich, in aller Öffentlichkeit meine Gefühle so deutlich zu zeigen.

Du gehörst zu dieser Gruppe, die hier ist, um dieses anstehende „Raum/Zeit"-Konzept zu lösen und etwas anderes einzubauen.

Wir sind zusammen und es ist unendlich gut.

Ich sehne mich nach Dir. Wir haben uns so lange nicht gesehen, und ich sehne mich nach Dir, als wären wir nie getrennt gewesen und doch immer.

Bilder kommen zu mir, die uns vor dem Priester bei unserer Hochzeit zeigen. Du bist ganz in weiß, wunderschön.

Du lachst und umarmst mich ständig. Dein Blumenstrauß ist ein buntes prachtvolles Gebilde, das die ganze Lebenslust, die Dich umgibt, noch unterstreicht. Du bist einfach nur schön.

Ich kann mich gar nicht an Dir satt sehen. Und wenn der Priester mich auffordert, Dir Deinen Ehering an den Finger zu stecken, bin ich absolut davon überzeugt, das sei das einzig Wichtige in meinem Leben, das ich noch tun muss.

Du stehst vor mir und blickst mich an, so voller Liebe und Hingabe, dass ich auf die Knie falle und Dich noch einmal bitte, so als hätte ich Dich noch nie um Deine Hand gefragt.

Wie kommt es, dass ich mich immer wie ein Ritter fühle, wenn ich neben Dir stehe? Zu Deinem Schutz und zu Deiner Verfügung. Was auch immer Du brauchst, ich werde es für Dich bereitstellen, ich werde es für Dich finden, für Dich erwerben, für Dich produzieren. Ich werde Dich mit allen deinen Wünschen absolut zufriedenstellen. Ich bin für Dich da, egal was geschieht. Du bist meine Königin, und ich gebe mein Leben für Dich.

Ägypten. Im Mai 2010. Wartezeit.

Was sind 49 Tage oder sieben Wochen gegen sieben Jahre? Ein Klacks, oder? Ich habe nur mehr sieben Wochen zu warten, bis ich ihn wiedersehe und halte es kaum aus.

Wie konnte Tom sieben Jahre auf mich warten? Leben wie ein Mönch. Nur arbeiten und keine andere Beziehung pflegen? Wie kann er so sicher sein, dass ich es bin, ich und niemand anderer? Wie hat er mir geschrieben: *„Ich hab immer nur Dich geliebt, ich konnte nicht anders."* Und: *„Vertrau mir. Glaub mir."*

Trotz meiner sogenannten "schwierigen" Erfahrungen in Beziehungen hatte ich immer das tiefe Bedürfnis, den Mann zu finden, mit dem ich mir ein Leben vorstellen konnte. Einen Mann an meiner Seite, der mich verehrte und zu dem ich voll Stolz hinblicken konnte. Da kamen mir seine Sätze gerade recht.

„Dearest my liebest Lady! Wenn wir zusammen sind, heißt für mich: doppelte Kraft, doppelte Power, es meint viel mehr Stärke in unseren Aktivitäten, mehr Motivation. Für mich ist es ein großer Ansporn, diese Aussicht auf ein Zusammensein mit Dir in unserer gemeinsamen Zukunft. Deshalb benütze ich auch all diese Wörter wie ‚Ganz, Alles, Voll und EINS'. Ich denke gerne über Dich und mich als EIN GANZES, total integriert ineinander."

Ich erinnere mich an letzten Herbst, als ich im September/Oktober in Wien gewesen war. Ich war gerade gelandet, stand am Flughafen und wartete auf meinen Koffer. Wie immer nützte ich diese Zeit, um meine Telefoncards zu wechseln. Die ägyptische kam heraus, die österreichische ins Handy hinein.

Sofort ertönte das typische Signal, dass ich eine SMS erhalten habe. Ich lese von einer Sprachnachricht auf meiner Mailbox. Also rufe ich an und die erste Stimme, die ich in Wien höre, ist die von Tom.

Er wäre in Wien, und ob wir uns treffen können, er würde mich gerne sehen. Das lag allerdings schon ein paar Tage zurück. Ich schickte ihm am nächsten Tag eine SMS, dass ich jetzt gerade angekommen war und wir uns treffen könnten. Kurz darauf rief er mich an.

Man muss sich das vorstellen, ich war gerade auf dem Weg zu einer unserer Haupteinkaufsstraßen, denn ich hatte das dringende Bedürfnis, mir ein paar europäische Kleidungsstücke zuzulegen. In Ägypten hatte ich meine schönste Kleidung eingepackt in der Hoffnung, dass sie für Wien gut genug wäre, aber beim Auspacken des Koffers war mir schlagartig klar, dass ich das hier nicht anziehen konnte. In Hurghada galten diese Stücke als modern, europäisch, sogar als chic. Hier in Wien aber gab es nur ein Wort dafür: Unmöglich. Praktisch alles, was ich hatte, war in Wien untragbar geworden. Also auf zum Shoppen!

Ich stand in der U-Bahn-Station Richtung Einkaufsstraße und erhielt Toms Anruf gerade, als die U-Bahn einfuhr und ich einstieg.

„Wo bist Du?", fragte ich ihn.

„Ich rufe Dich aus M. an, ich bin in meiner Heimat."

„Oh, schade."

„Ja, wirklich. Wie lange bleibst Du in Wien, kann ich kommen und Dich sprechen? Wir haben dringend über UNS zu reden!" Seine Stimme war tatsächlich drängend.

„Was möchtest Du denn besprechen, was ist so dringend? Und was über UNS? Du weißt doch, dass ich in Ägypten verheiratet bin."

Ich stand da in der U-Bahn und war mir der etwas peinlichen Situation absolut bewusst. Alle rund um mich hörten interessiert zu, zumindest die, die englisch verstanden.

„Ja, genau darüber müssen wir reden!!!"

Ich gebe zu, ich war verwirrt. Was zum Teufel wollte er mit mir über meine mittlerweile nicht mehr glückliche Ehe reden? Und wie konnte er wissen ...?

Er erklärte mir, dass er an genau dem Tag in Wien landen würde, an dem ich wieder Richtung Ägypten abflog.

Oh, wie seltsam. Das war das vierte Mal, dass wir uns nicht treffen konnten. Über all die Jahre hatten wir es regelmäßig nicht geschafft, einander zu sehen, auch wenn wir in der gleichen Stadt waren. Komisch dieses Wiederholung.

Trotzdem: Ich lief an diesem Tag wie eine strahlende Sonne in der Stadt umher. Alles lächelte mich an und ich lächelte zurück. He made my day. Genauso empfand ich es.

Hat er mir gesagt, dass er mich liebte? Ich kann mich nicht erinnern, aber was er gesagt hatte, gab mir genau diesen Eindruck. Ich wurde geliebt von einem Mann, den ich seit fast vier Jahren nicht mehr gesehen hatte!

He really made my day.

Und jetzt saß ich hier alleine in Ägypten und wünschte mich so schnell wie möglich nach Wien oder nach M. Ich konnte es nur mit Mühe erwarten. Das schien eine Lektion zu sein, die ich noch hinter mich bringen musste. Vertrauen, Glauben und es gut sein lassen, wie es ist. Wir waren in Verbindung gewesen von September, als wir am Telefon gesprochen hatten. Bis Dezember hatte ich ab und zu etwas von ihm gehört.

Eine E-Mail mit der Frage, wie es mir gehe. Und zu Weihnachten eine Weihnachtsbotschaft mit einem netten Bild mit Kerzen und Blumen.

Anfang des neuen Jahres war ich gerade mitten in der Trennung von meinem ägyptischen Mann, und ich kämpfte sehr mit mir selbst, wieder in meine Mitte, zu meiner Kraft und Energie zu kommen. Ich fühlte mich wortwörtlich „ver-rückt". So als würde ich neben mir stehen und nicht in mir, als könnte ich nicht mehr klar werden in meinen Gedanken und meinen Gefühlen. Natürlich brauchte ich viel Zeit und Ruhe, um wieder völlig mit mir ins Reine zu kommen. Ich war nicht interessiert an einer neuen Beziehung, ich hatte noch mit dem Abschluss und der Aufarbeitung der alten genug zu tun.

Tom schien das zu spüren. Er ließ mir Zeit und Raum. Er tat gar nichts, er ließ mich kommen. Nur im Jänner eine Bitte nach einem Foto von mir. „I need", stand da. Ich sandte zwei. Glückliches Lächeln, mit einer Freundin zusammen auf der Straße stehend.

Im Februar schickte er mir eine E-Mail mit der Frage, ob ich mich noch an unser Lied erinnere „Van Morrison – Have I Told You Lately". Toller Song, er höre ihn oft.

Als es mir wieder besser ging, und ich mich zu einem Umzug entschloss in eine neue Gegend, in ein neues Haus und alle Vorbereitungen dafür traf, erhielt ich wieder eine E-Mail. Er schickte mir Küsse.

Und Anfang April sendete er mir einen langen Brief mit einem Foto und dem Bericht über ein besonderes berufliches Ereignis von sich selbst, und ich freute mich so sehr für ihn, dass ich ihm völlig hingerissen schrieb, wie toll ich ihn fände.

Und er antwortete mir, wie wichtig meine Reaktion für ihn wäre und für sein Selbstbewusstsein (was das heißen sollte, verstand ich nicht) und dann las ich da mitten im Text, in dem er sich bedankte, *I LOVE YOU*. Und ich nahm das alles verwundert, aber gerne, an.

In einem fremden Land. 2005 I.

Mein Flug ging früh am Morgen. Nach einer Nacht, in der ich der Aufregung wegen mit sehr wenig Schlaf ausgekommen war, trat ich die Reise verschlafen, aber gut gelaunt, an. Mein Mantra, an das ich mich hielt, lautete: „Es kann nichts passieren, was ich nicht will. Alles ist gut."

Trotz der vielfachen Wiederholungen half es mir nicht gegen die Nervosität, die sich bei mir breit machte, je mehr sich das Flugzeug der Stadt P. näherte.

Tom holte mich am Flughafen ab. Ein Déja-vu-Erlebnis. Wieder stand er wie ein Leuchtturm in der Menge, diesmal allerdings umarmte er mich, zum ersten Mal, seit wir uns kennengelernt hatten. Ich sah ihn an und wunderte mich darüber, dass ich hier mit ihm stand. Er war mir so fremd. Seine Haare standen ihm zu Berge, als hätte er keine Zeit gehabt, sich zu frisieren. Er sah ziemlich wild aus.

„Entschuldige bitte meinen Aufzug. Irgendwie bin ich heute zerstreut."

Ich lächelte ihn vorsichtig an. Wollten wir jetzt hier stehenbleiben und seinen Geisteszustand diskutieren?

„Komm, ich habe einen Wagen gemietet, und ein Appartement haben wir auch. Am besten ich bringe dich einmal dahin. Dann sehen wir weiter."

Im Auto betrachtete ich ihn von der Seite. Da war es wieder. Dieses seltsame Gefühl. Ich saß mit einem völlig fremden Mann in einer fremden Stadt im Auto und wusste nicht einmal, wohin er mit mir fuhr. Nein, ich fühlte mich ihm nicht nahe, und ich hatte auch kein Vertrauen in diesem Moment. Eine Stimme in mir fragte mich, was zum Teufel ich hier eigentlich mache. Die Antwort musste ich schuldig bleiben. Ich hatte keine Ahnung.

Mein Vertrauen in die absurde Situation war dann doch während der Autofahrt gewachsen. Wenn ich schon hier bin, dann nütze ich die Zeit doch auch, dachte ich mir und begann mir die Straßen und Häuser der Stadt anzusehen, die ich noch nie im Leben bereist hatte. Wir könnten doch herumflanieren, einen Kaffee in einem der Bistros trinken, vielleicht ein Museum besuchen und in ein Konzert gehen. Meine Stimmung hob sich bei diesen Aussichten, und ich warf einen kurzen Seitenblick auf den fremden Mann neben mir, der sichtlich auch nicht sicher war über das, was er hier vorhatte. Schweiß stand ihm in kleinen Perlen auf der Stirn. War es die Nervosität oder die Hitze der Stadt, die dieses Zeichen von Anstrengung auf sein Gesicht malte? Egal, er fühlte sich jedenfalls ähnlich wie ich.

Die Gegend, die wir die nächsten Tage bewohnen würden, war ruhig und am Stadtrand gelegen.

Bäume in wunderschönen Gärten um uns herum, vom Balkon des 3. Stocks aus hatten wir einen herrlichen Rundblick. Wir richteten uns erst einmal ein, füllten die Schränke mit dem bisschen Gewand, das wir mithatten und überlegten, welche Bettseite für wen passend wäre. Ja, natürlich würden wir das Bett teilen, waren wir nicht auch deshalb hierhergekommen? Allein der Gedanke war seltsam. Wie nähern wir uns denn nun einander? Ich warf einen Blick zu Tom, der damit beschäftigt war, seine Zigaretten auszupacken.

„Darf ich dich etwas bitten?", fragte ich ihn spontan.

„Alles, was du willst", kam prompt die erwünschte Antwort.

"Weißt du, ich bin doch seit Jahren Nichtraucherin, und ich halte es einfach nicht aus, wenn in einer Wohnung geraucht wird. Sogar eine einzige Zigarette ist schrecklich. Die Luft ist nicht mehr rein, sondern riecht und schmeckt nach Rauch. Ich mag das nicht einatmen, ich brauche saubere Luft."

Tom fiel mir ins Wort: „Ich rauche auf dem Balkon, das ist für mich kein Problem."

Ich atmete tief durch und schenkte ihm mein schönstes Lächeln. „Nein, ich meinte eigentlich einen anderen Gefallen. Würdest du für mich zu rauchen aufhören?"

So, jetzt war es heraus. Liebte er mich so sehr, wie er sagte, könnte er das auch tun. Oder? Wenn ich eines einfach nur grauslich fand, dann war das einen Mund zu küssen, der voll von altem und neuem Rauch war. Allein die Idee, diesen Geschmack zu kosten, war schon schrecklich. Ich möchte den Mann, mit dem ich zusammen bin, riechen können. Seinen eigenen Geruch, den ganz speziellen Geschmack seiner Lippen kosten, seinen Atem einatmen. Aber gemeinsam mit Zigarettenrauch ging das gar nicht für mich.

Tom schluckte und schwieg erst einmal. Hinter seiner Stirne arbeitete es offensichtlich heftig. Er sah mich lange an und sagte nichts. Oh je, dachte ich. Das war nun doch zu viel verlangt von mir. Dann nahm er mich in die Arme und drückte mich an sich. Seine Nase in meinen Haaren nahm er einen tiefen Atemzug und sagte einfach: „Geht in Ordnung. Ich mache es."

Ein tiefes Gefühl der Freude stieg in mir hoch. „Wirklich? Du machst es wirklich? Du hörst mit dem Rauchen auf?"

„Ja, wenn dir das so wichtig ist. Dann mache ich es. Wann möchtest du das?"

„Wann? Na, jetzt."

„Was? Jetzt sofort? Du meinst, ich soll jetzt auf der Stelle aufhören? Einfach so?"

Ich rückte ein wenig ab von ihm, um ihn besser ansehen zu können. Er wirkte verwirrt, verblüfft und gleichzeitig leicht panisch.

„Weißt du, wenn es mir nicht so wichtig wäre, hätte ich dich nicht gefragt", erwiderte ich ruhig. „Und ich verstehe sehr wohl, was ich da von dir verlange. Also, wenn ich dich das schon frage, dann meine ich natürlich jetzt und nicht erst irgendwann. Kannst du das für mich tun?"

Natürlich war mir klar, dass ich eine ganze Menge von ihm erwartete. Immerhin rauchte er schon viele Jahre, und es war eine Gewohnheit ebenso wie eine Sucht. Das abzustellen, erforderte einen wirklich starken Willen. Aber ich schätzte ihn als willensstark ein. Hatte ich mich da verschätzt? Mir war klar, dass Tom meine Bitte als Prüfung verstand. War er stark und willens genug, meinetwegen eine solch schwierige Entscheidung zu treffen und sie auch durchzuziehen?

Wien. April 2010.
Internationaler Kongress.

Die Einladung zu einem Osteopathie-Kongress führte mich im April nach Wien. Ich sollte einen Workshop über mein Spezialgebiet „Die Botschaft des Herzens – Herzfrequenzanalyse im Bild" halten. Ich erweiterte es um meine neuen Erkenntnisse, wie sehr wir über das Magnetfeld des Herzens unsere Gedanken und Gefühle unserer Umgebung nahebringen und auch wie Gesundheit und Krankheit sich direkt ablesen lassen an unseren Herzschlagmustern. Die TeilnehmerInnen waren begeistert und, genauso wie ich, gefangen von den Bildern, die das Herz malt.

Während dieser Wochen in meiner alten Heimat kamen wir vorsichtig in Kontakt. Zu Beginn waren wir noch etwas zögerlich, ja sogar zaghaft. Wir teilten die Ungewissheit, noch nicht zu erkennen, was sich hier eigentlich entwickelte. Ich fragte ihn per SMS, ob ich es richtig spürte, dass er ständig in seinen Gedanken um mich herum sei. Und er antwortete mir mit einem „*Ja, es stimmt. Was kann ich machen, ich liebe Dich.*"

Nach den ersten klärenden E-Mails, gewannen wir Boden unter den Füßen und mehr Sicherheit im Umgang miteinander.

Und so sendeten wir uns erst einzelne SMS und bauten nach und nach unsere geistige Kommunikation wie eine Telefonleitung auf.

Ich spürte schon im Voraus, wann er an mich dachte, oder dass jetzt gleich einen neue Nachricht per SMS ankommen würde. Ihm ging es genauso. Eigentlich brauchten wir unsere Telefone nur, um uns gegenseitig zu bestätigen, dass wir einen „direkten Draht" hatten. Diese Form der Kommunikation hat mir immer schon am besten gefallen. Sie ist unabhängig von Strom- oder Handynetzen und funktioniert unmittelbar und spontan. Das einzig Notwendige dabei ist der Glaube, dass es real ist. Die meisten Menschen glauben nicht an das, was sie spüren, hören oder sehen. Also brauchen sie ein technisches Hilfsmittel als Übersetzungshilfe. Aber sobald man die eigenen Antennen ausgefahren und die Sinne halbwegs für die jeweiligen Frequenzen der Mitmenschen, von denen man Botschaften empfangen will, geschärft hat ‚kann das Abenteuer „schrankenlose Kommunikation" schon losgehen.

Wir begannen, es einfach zwischen uns zu installieren und benützten es immer öfter und immer intensiver. Die Textnachrichten per Handy brachten unsere Gedanken füreinander nur in eine materielle Ebene.

Tom unterstützte mich mit allem, was er mir schrieb, er freute sich mit mir über meinen beruflichen Erfolg und versicherte mir ständig seine Gefühle zu mir. *„Glaub mir. Vertrau mir."* Und er fragte ganz vorsichtig, ob er überhaupt ein Recht habe, sich irgendetwas von mir zu wünschen.

Täglich bekam ich seine aufmunternden und liebevollen Nachrichten, die ich voll Freude beantwortete. Ich gewann mehr und mehr Vertrauen. Und dann überraschte er mich wieder. Ich war gerade auf dem Weg zum Einkaufen, die Sonne schien warm, die Bäume der Allee standen in kräftigem Dunkelgrün und verströmten den herrlichen Duft nach Sommer in Wien. Ich war gerade dabei, an Tom zu denken und zu überlegen, ob ich auch in seinem Land leben könnte und wie sich das anfühlen würde. Da zeigte der Summton meines Handys eine SMS an.

Tom schrieb: *„Du hast all meine Liebe und meine Unterstützung, glaub mir nur einfach."*

Ich nahm die Chance wahr und beschrieb ihm ausführlich die Tatsachen, die er noch nicht kannte. Dass ich mich von meinem Mann getrennt hatte und auf die Scheidung wartete und noch Zeit brauchte, um meine Angelegenheiten gut zu regeln. Danach hätte er jedes Recht, mich alles zu fragen, was er wolle, und wir könnten uns treffen und uns in die Augen sehen und nachfühlen, was unsere Herzen wirklich zueinander sprechen.

Seine Antwort kam prompt. Jubilierend klangen seine Worte, so wie sie bei mir landeten.

„Erstens: Ich liebe Dich, und ich wünsche Dir alle Zeit, die Du brauchst. Ja, wir müssen offen zueinander sein und ehrlich, denn ich möchte kommen und um Deine Hand anhalten. Ich möchte Dich fragen, ob Du mich heiraten willst. Ich brenne schon darauf, Dich zu sehen und Dir zu sagen, was ich alles in mir habe. ICH LIEBE DICH."

Ich stand mitten auf der Straße und war sprachlos. Ein überraschtes und glückliches Gefühl machte sich in mir breit. Plötzlich schien die Sonne noch schöner, die Vögel zwitscherten mir zu und die Blätter der Kastanienbäume um mich herum rauschten zustimmend. Ich betrat erst einmal nicht das anvisierte Geschäft, sondern lief in den kleinen Straßen der Gegend herum, um diesen speziellen gehobenen Zustand, in dem ich mich plötzlich befand, zu genießen, auszukosten, zu halten.

Während meines Wienaufenthaltes begann ich mich von diesem Mann getragen zu fühlen, getragen von seiner Energie, die sich wie ein Mantel um mich legte und unter mich schlüpfte, damit ich es bequem haben konnte.

Ich hatte mir immer eine Beziehung gewünscht oder besser: herbeigesehnt, in der ich mich rundum wohl fühlte. Harmonisch und liebevoll, vertrauenswürdig und sicher. Ein Gefühl, das ich mit meinem ägyptischen Mann in unseren ersten Ehejahren geteilt hatte, und das mir jetzt so fürchterlich fehlte. Ich dachte wirklich, dass mir das Gefühl fehlt, aber eigentlich fehlte mir mein Mann. Ich hatte mich noch nie so glücklich und rundum geschützt gefühlt, so gehalten und getragen, gleichzeitig aber war mir nicht klar, wie wichtig es in einer Ehe ist, sich auch selbst zu halten und zu tragen.

Leider nahm ich mir nicht die Zeit der Aufarbeitung, die notwendig ist, um zu verstehen, welche inneren Veränderungen man zu setzen hat, um nicht das gleiche Desaster mit einem neuen Menschen wieder zu erleben. Solange die alten Muster laufen, kann man keine neuen Resultate erwarten. Tja, diese Erkenntnis sollte sich erst später einstellen. Jetzt fühlte ich nach der scheinbar erlebten Enttäuschung, die Sehnsucht nach einem Neubeginn. Nicht wissend, was „Ent"-Täuschung eigentlich bedeutet. Im ursprünglichen Sinn doch nichts anderes, als dass ich mich selbst getäuscht hatte, nicht in unserer Liebe, aber in der Interpretation unserer Beziehung und unserer Rollen darin. Dabei dachte ich tatsächlich, meine große Liebe zu meinem Mann und die Trauer über den momentanen Verlust unserer Ehe ließen sich durch eine neue Beziehung auslöschen, eliminieren.

Statt mir Zeit zu geben, mich mit mir selbst zu beschäftigen und mir in aller Ruhe anzusehen, welche inneren Änderungen in meinem Glaubens- und Denksystem nötig wären, um in einer Beziehung wirklich glücklich zu werden und den anderen glücklich machen zu können, wobei ich das Letztere eigentlich nicht als Aufgabe sehe – wir sind schon alle eigenständig und selbst für unser Glücklichsein zuständig – stürzte ich mich Hals über Kopf in die nächste Illusion. Die Mittel, die mir dazu in die Hand gelegt waren, erfüllten allerdings auch ihren Zweck. Alle Übungen zur Manifestation von Wünschen funktionieren. Deshalb warnen auch so viele „Wissende" davor, sie allzu unhinterfragt zu verwenden. Als Zauberlehrling, der ich war, kümmerte mich das nicht weiter. Ich kreierte meine neue Beziehung. Mit den richtigen Tools, aber wie später ersichtlich, unter falschen Voraussetzungen.

Das Verlangen, mich einem Mann ganz zu öffnen und auch sein offenes Herz in aller Achtung entgegenzunehmen, war so groß, dass ich es täglich als Danksagung ans Universum in mein Tagebuch schrieb. Jeden Abend vor dem Schlafengehen nahm ich das Buch zur Hand und beschrieb voll Dankbarkeit, wie ich glücklich mit dem Mann meiner Träume vereint war, wie schön unser gemeinsames Leben, wie wunderbar unsere Liebe füreinander war.

Ich lebte jeden Abend in genau diesem Gefühl, das ich immer haben wollte, immer leben wollte. Ich tat das, was mir alle Wissenden in ihren Büchern und Vorträgen erzählt hatten: „Lebe in genau dem Zustand, in dem Du Dir wünschst, leben zu können. Sei dankbar für genau die Menschen und Dinge, denen Du in deinem Leben begegnen möchtest. Tu so, als wäre alles schon Realität. Erschaffe die Gefühle, in denen Du schwelgen möchtest. So, als wäre alles schon da. Dadurch richtest Du all deine Energie, deinen Fokus völlig auf das, was Du Dir kreieren willst. Das Universum ist wie eine Matrix, aus der alle Dinge entstehen, die wir uns nur vorstellen können. Das Geheimnis liegt darin, schon so zu leben, als wäre alles bereits real. Nur dann erschaffen wir den entsprechenden Rahmen, in dem sich unsere Wünsche auch manifestieren, also realisieren können."

Die Quantenphysik bestätigt diese Idee der Manifestation. Das Problem der Umsetzung liegt allerdings darin, dass wir uns immer wieder von anderen Dingen ablenken lassen und uns in unterschiedlichste Richtungen gleichzeitig zerstreuen. Das funktioniert dann natürlich auch, eben zerstreut.

Ich spielte immer schon gerne mir Gedanken und Phantasien. Bereits als Jugendliche habe ich mir vorgestellt, wie mein Leben verlaufen könnte, wenn ich an gewissen Wegkreuzungen unterschiedliche Entscheidungen treffen würde. Was wäre, wenn ich auf der Universität nicht Tiermedizin, sondern Humanmedizin studieren würde und dann als Ärztin nach Afrika ginge, um dort in einem Dorf im hintersten Busch Leid zu lindern? Oder als Tierärztin nicht in die Praxis in der Stadt, sondern irgendwo am Land leben würde? Kinder bekomme oder eben nicht, allein lebe oder mit einem Partner, oder das alles mit einem anderen Beruf, Journalistin oder Buchautorin wäre? Wie verliefe mein Leben, wenn ich immer im Ausland lebte, zum Beispiel in Shanghai oder in New York? Als Tänzerin, als Lehrerin, als Schauspielerin?

Wie wäre es, wenn ich gar keinen Beruf ausüben würde und meinem Mann erlaubte, mich zu versorgen; einem Mann, der so viel Geld verdient, dass es für mich nicht notwendig wäre, auch etwas zu unserem gemeinsamen Haushalt beizutragen? Wie wäre ein Leben mit einer Köchin, einer Haushaltshilfe und einem Gärtner? Wie wäre ein Leben mit angeschlossenem Reitstall und Tennisplatz?

Und wie wäre es, einfach in einer Almhütte zu leben und nur die notwendigsten Dinge zu haben? Sogar an ein Leben in der Wüste dachte ich, mit Kamelen und Zelten oder in einer Wüstenstadt mitten in Marokko oder Algerien. Dass ich damit tatsächlich die ersten Bausteine für ein Leben in Hurghada geschaffen hatte, war mir damals nicht klar.

Aber dass ich in eine fremde Kultur eintauchen und mich mit Sprache und Gebräuchen vertraut machen wollte, das war ein alter Traum von mir. Ich stellte mir vor, wie es wäre, in einem fremden Land mit einer fremden Sprache zu leben und mit einem Mann zu sein, dessen Geschichte ich vielleicht nie im Leben ganz begreifen könnte. Während meines Studienaufenthaltes in China und Tibet hatte ich einen Vorgeschmack darauf bekommen. Die Sprachbarriere und unsere kulturellen Unterschiede, unsere Gewohnheiten, unsere Weltansichten zusammen auf einen Nenner zu bringen, das war die große Herausforderung, die mich interessierte.

Ist es möglich? Ich malte mir die unterschiedlichsten Lebensumstände aus und konnte jedem etwas abgewinnen. Es gab eigentlich nie wirklich Favoriten, so dachte ich. Es sollte einfach alles kommen, wie es kommen wollte. Ja, die längste Zeit war ich davon überzeugt, dass die Dinge sowieso ihren Lauf nähmen und das Leben einfach so zu leben sei, wie es kommen würde. JA, ich war neugierig darauf, was das Leben als Nächstes bringen könnte. Ich war ständig in der „Ich lasse mich überraschen"-Haltung.

Interessanterweise dachte ich die längste Zeit nicht daran, dass ich selbst es bin, die mit ihren Überzeugungen und daraus folgenden Gefühlen und Gedanken tatsächlich alles selbst wie ein Magnet in mein Leben hereinzog, was da scheinbar „zufällig" ankam. Ich brauchte ziemlich lange, bis ich verstanden hatte, dass alles, wirklich alles, von uns selbst herbeigeführt wird. Selbst wenn wir keinen Zusammenhang mehr erkennen können, es gibt trotzdem immer einen. Wobei das große, weise Universum oder Gott, oder wie immer wir es nennen wollen, uns dann genau die Menschen und die Situationen heranschafft, die wir brauchen, damit wir auf unserem Lebensweg weiterkommen. Die richtigen Menschen und wichtigen Situationen, die wir uns schon lange herbeigesehnt haben, und die nötig sind für unsere weitere Entwicklung.

Oft haben wir damit aber ein Problem. Wir vertrauen lieber unserem überdimensionalen kleinen

„EGO", das da in unserem Kopf sitzt und in seinem Größenwahn meint, es verstehe die große, weite Welt. Wir glauben, dass wir nur unseren logischen Gedanken folgen müssen und so Wege aus unseren misslichen Lebensumständen finden oder gar den großen Gewinn machen würden, wenn wir nur lange genug darüber nachdenken. Dabei ist die Lösung eine ganz andere.

Wir weigern uns zu erkennen, dass bestimmte Umstände in unserem Leben notwendig sind, um die nächsten Schritte setzen zu können. Aber keiner hat uns in unserer Kindheit beigebracht, wie das geht. Keine hat uns erklärt, wie wir die Göttliche Kraft nützen können, um unseren Lebensweg zu finden und das zu erfüllen, weshalb wir auf der Erde gelandet sind. Es ist meine persönliche Überzeugung, dass es für jeden und jede von uns einen Lebenszweck gibt, den zu erfüllen wir beabsichtigen. Viele kleine und große Wege führen uns während unserer Lebensjahre in diverse Richtungen, so lange, bis wir dann tatsächlich auch merken, wo wir RICHTIG sind, und wir genau das tun, was wir uns irgendwann einmal vorgenommen haben. Nämlich unsere Berufung leben. Und richtig sind wir dann unterwegs, wenn wir die höchsten und schönsten Gefühle dabei leben können. In Glück und Fröhlichkeit, in Freude und Zuversicht und in höchster Energie. Gut gelaunt, auch wenn etwas einmal anscheinend schief geht. Innere Kraft und Zufriedenheit sind dabei unsere verlässlichen Wegweiser.

Wir treffen dabei auf Menschen, die uns weiter-helfen auf unserem Weg, und manchmal haben wir mit diesen auch eine Geschichte, die noch aufgelöst werden will, bevor wir weiterziehen. Zuweilen scheinen da Hindernisse zu sein, die unüberwindbar wirken. Wir lernen, sie zu umgehen, mit ihnen um-zugehen oder über sie hinweg zu klettern. Und mit-unter glauben wir, dass wir nie unseren eigentlichen Weg finden werden.

Das alles gehört zu unserem Leben, und es schärft unsere Sinne, es verleiht uns Mitgefühl und Gleichmut im Umgang mit anderen. Denn alles, was wir selbst durchleben und durchfühlen müssen, gibt uns neue Erkenntnisse und die Chance, andere zu verstehen und mit manchen Situationen im Leben einfach besser fertig zu werden.

Und so stellte sich mir auch schon vor langer Zeit die Frage nach einem Leben im Ausland. Können wir uns soweit verändern, uns anpassen und trotz-dem wir selbst bleiben, um in einem fremden Land gut leben zu können? Kann ich das? Ich bin ja nicht die erste, die dieses Wagnis auf sich nimmt, aber bin ich bereit, alle diese Stolpersteine, die schon voraus-sehbar sind, auch wirklich aus dem Weg zu räumen? Habe ich die Energie dazu?

Nun, vielleicht mangelt es manchmal scheinbar an Kraft. Wesentlich ist meiner Meinung nach je-doch, den Mut zu haben, sich solchen Situationen zu stellen. Den Mut, neue Entscheidungen zu treffen, sich vielleicht dabei unorthodox zu verhalten, anzuecken, die gewohnte Umgebung zu brüskieren, alte Freundinnen und Freunde, die diese Veränderung, diese Selbstentwicklung nicht akzeptieren können, zu verlieren, das ist die eigentliche Herausforderung.

Mit meinen Ideen und meinen häufigen Veränderungen war ich immer wieder auf heftigen Widerstand in meinem Freundeskreis gestoßen. Viele meiner Freundinnen konnten und wollten nicht nachvollziehen, dass es mir einfach ein Anliegen war, mich im Leben weiterzubewegen, und Stillstand sich für mich nicht angenehm anfühlte. Im Gegensatz zu ihnen erfreute ich mich an Veränderungen und langweilte mich tödlich, wenn ich nicht an etwas Neuem teilnehmen konnte. Meine häufigen Entschlüsse zur Veränderung beeinflussen aber natürlich auch mein Umfeld. Es brachte manche Frage ans Licht der Öffentlichkeit, die sich einige schon länger im Geheimen gestellt hatten. Es ist die simpelste, einfachste Frage, die es gibt.

Was, wenn??

Was, wenn ich meinen Job verändere, mein jetziges Leben völlig über den Haufen werfe und das mache, was ich wirklich will. Einfach ausprobiere, was ich eigentlich will. Was wäre, wenn?

Jede unserer Aktionen zwingt unsere Umgebung, sich selbst mit uns zu vergleichen und im besten Fall gehen unsere Mitmenschen zufrieden aus diesem Vergleich hervor. Wenn in ihrem Leben alles passt, wie es ist, dann können sie meinen Veränderungen mit einem gewissen Gleichmut begegnen. Es kümmert sie nicht weiter, dass ich etwas ändere, dass ich einen neuen Weg einschlage. Denn sie selbst sind zufrieden mit ihrem eigenen. Da müssen sie nicht reagieren, denn es droht keine Gefahr von außen.

Ganz anders stellt sich die Situation dar, wenn die eigene Lebensweise nicht zufriedenstellend ist, und vielleicht auch schon länger der unausgesprochene Zweifel nagt, ob es nicht Verbesserungsmöglichkeiten gäbe.

Etwas Altes aufzugeben, um etwas Neues zu erlangen. In diesen Fällen war ich gewohnt, auf jede Menge Widerstand zu stoßen. Dieser äußerte sich üblicherweise in Spott, Hohn, Ärger, im besten Fall nur in Unverständnis. Plötzlich kamen Anfragen, was mir denn einfiele, dass ich Dinge, die mir vorher so wichtig gewesen waren, nun vernachlässige, gar aufgebe. Wie käme ich dazu? Es waren beleidigte, gekränkte, manchmal auch aggressive Fragen.

Lange Zeit war mir gar nicht bewusst, welchen Einfluss wir alle aufeinander haben. Alleine durch meine persönliche Veränderung, die erst einmal gar nichts mit meiner Umgebung zu tun hatte, begann sich etwas zu bewegen. Plötzlich mussten sich alle neu einschätzen, neu betrachten.

Plötzlich war da ein neuer Maßstab, an dem sich alle zu messen hatten. Der Maßstab der Zufriedenheit, des Glücklichseins, des Sich Wohlfühlens. Und natürlich gibt das manchmal unangenehme Ergebnisse, die mir dann angelastet wurden. Was fiel mir eigentlich ein? Wie konnte ich sie dazu bringen, ihr eigenes Leben kritisch betrachten zu müssen und möglicherweise die Finger auf eine schmerzende Stelle legen, die anderenfalls unentdeckt hätte bleiben können?

Nun, um einen medizinischen Vergleich zu verwenden: nur weil man den Eiterherd nicht sieht, heißt das noch lange nicht, dass er nicht vorhanden ist. Eines Tages bricht das Abszess auf, nach innen oder nach außen. Es wird damit ein Reinigungsprozess eingeleitet. Der Eiter kann abfließen; der Körper befreit sich von Stoffen, die ihm nicht guttun. Danach kann die Wunde ausheilen, und das Gewebe sich wieder regenerieren. Manchmal fühle ich mich als kompetente Fachfrau für diese eiternden Geschwüre in uns, die uns das Leben verdrießen und uns unglücklich machen, solange wir sie nicht abheilen lassen.

Eine dieser Wunden bei mir selbst war die Sehnsucht nach meinem wirklichen Lebenspartner. Ich war immer davon überzeugt, dass es einen geben müsse, mit dem ich so viele Gemeinsamkeiten habe wie nur möglich, aber auch einige Unterschiede, die uns die positive Spannung erhalten, die meiner Meinung nach in einer guten Beziehung oder Ehe besteht. Als ich mit meinem ägyptischen Mann lebte, fühlte ich genau diese tiefe Liebe, die uns beide durch viele Jahre hätte tragen können. Aber wir hätten sichtlich beide noch einiges an uns selbst zu arbeiten, zu verbessern und zu verändern gehabt, damit wir diese Liebe auch gemeinsam hätten leben können. Diese Erkenntnis kam erst später, als ich weitere Erfahrungen in Beziehungen gesammelt hatte. Im Jahr 2010 war ich sichtlich noch nicht sehr viel weiter entwickelt. Mir war wie so vielen nicht klar, dass ICH etwas in MIR verändern muss, damit ein WIR überhaupt möglich wird. Finde nur den richtigen Mann, dann kommt alles von selbst auf den richtigen Weg, dachte ich damals.

Und als Tom mir dann folgende Worte schickte, war ich daher leicht zu überzeugen, dass er der Mann sei, den ich mir schon so lange herbeiwünschte: *„Du erwähntest, dass du keine Experimente mehr in deinem Leben brauchst. Ja, du hast absolut Recht, ich empfinde es genauso. So lange habe ich ohne Liebe und Wärme gelebt und meine wirkliche Liebe verheimlichen müssen. Ich hoffe, dass wir beide ganz deutlich unsere Chance sehen. Wir haben genügend Erfahrung, nicht nur um zusammen in Liebe zu leben und alles gemeinsam zu machen, sondern sogar einen Weg für ein gemeinsames Geschäftsfeld zu finden. Ich brauche keinen Partner in Wien, ich brauche Dich und mich, um ganz zu sein, alles, voll, ein Ganzes. Kannst du das? Kannst du Dir das Gleiche wünschen?*

Ich weiß, manchmal werden wir in unserem Zusammenleben auf Schwierigkeiten treffen – einfach durch das Alltagsleben – aber wir sind weise und erfahren genug, den Preis unserer Geduld, in absolutem Glauben und Vertrauen zu leben. Ich wünsche mir, dass deine Schei-

dung schon bald erfolgt, und wir zusammen in Österreich sein können – irgendwo mit nahen Freunden, die wir lieben – und ich frage Dich um Deine Hand, um dich zu heiraten! Wie käme ich dazu, um Deine Hand anzuhalten, wenn ich nicht bereit wäre. Ich warte darauf, dass du frei bist."

Und kurze Zeit später schrieb er: *"Wenn wir zusammen sind, das heißt für mich: doppelte Kraft, bedeutet viel mehr Stärke in unseren Aktivitäten, mehr Motivation. Zusammen sein in unserem zukünftigen Leben ist eine große Motivation für mich. Darum verwende ich all diese Begriffe wie ganz, alles, voll, ein Ganzes. Ich denke gerne von Dir und mir als ein Ganzes, miteinander verbunden und vereinigt."*

Bei solchen Worten schmolz mein Herz und ich fühlte mich aufgehoben und zärtlich verstanden. Genauso wollte ich doch in einer Beziehung leben!

Ich gebe zu, es hat mich völlig erwischt. So viele Jahre, so lange Zeit, in der ich mir vorstellte, wie das sein wird, wenn ich endlich vor Dir stehe und es Dir sagen kann. Dir sagen kann, dass ich Dich immer schon liebe und mich immer so sehr nach Dir gesehnt habe, dass keine andere Frau mehr einen auch noch so kleinen Platz in meinem Herzen finden konnte. Ich habe mein Herz an Dich verloren oder besser: an Dich verschenkt. Ich konnte nicht anders, als mir eine gemeinsame Zukunft ausmalen und davon träumen, mit Dir zusammen am Morgen aufzuwachen und am Abend schlafen zu gehen.

Ich wollte Dir eine wunderschöne Wohnung einrichten und alles tun, um Dich zufrieden und glücklich zu machen. In all den Jahren hatte ich genügend Gelegenheit, dieses Heim für Dich zu gestalten. Obgleich ich keine Ahnung habe, wie Du am liebsten wohnst, welche Möbel Du bevorzugst, ob Du lieber Parkett oder Teppich oder gar Fliesen am Boden hast. Ich versuchte, mich in Dich hineinzuversetzen und legte Holz und Marmor auf den Boden und ein paar schöne Teppiche darüber. Ich strich die Wände in warmen Farben, ein Zimmer ist sogar in einem kräftigen Dunkelrot gehalten. Es kam mir so vor, als hättest Du Dir immer schon eine Art Bibliothek gewünscht, die mit gemütlichen Lehnstühlen zum Sitzen und Schmökern einlädt. Dass Du gerne und viel liest, weiß ich ja, also war es naheliegend, mich hier von meiner Intuition leiten zu lassen.

Ich renovierte auch das Bad, so dass es aussah wie das Badezimmer im Hotel, in dem Du vor sieben Jahren gewohnt hattest. Es war ein 5-Sterne-Hotel gewesen, und ich kann mich erinnern, dass Du von diesem wunderschönen Bad geschwärmt hattest. Der Generalmanager ist ein Freund von mir, also fand ich es naheliegend, ihn eines Tages zu besuchen, mit ihm gemeinsam die Bäder zu inspizieren und Dir dann alles in unserer Wohnung so zu gestalten, dass es Dir Freude machen wird.

Mein Gott, ich konnte es kaum erwarten, Dir das alles zu zeigen und dein schönes Gesicht zu sehen, wenn Du überrascht und glücklich durch unsere gemeinsame Wohnung gehst. Aber ich hatte viele Jahre darauf zu warten, bis sich endlich die Gelegenheit ergab, Dir überhaupt andeutungsweise meine Gefühle und meine Pläne mitzuteilen. Ich brannte darauf, aber hatte auch schon ein wenig die Hoffnung verloren, dass es jemals soweit kommen würde.

Als Du auf meine vorsichtigen Mitteilungen so positiv reagiertest, sprang mein Herz in meiner Brust auf und ab.

Natürlich wollte ich nichts überstürzen und Dich womöglich damit vor den Kopf stoßen. So blieb ich zurückhaltend und bat Dich nur, mir zu vertrauen, mir zu glauben. Denn, was auch immer ich zu sagen hatte, es war wirklich unglaublich. Wenn ich Dir erzählte, dass ich seit sieben Jahren keine andere Frau angeschaut habe, würdest Du mir das glauben? Und dass es mir nicht einmal besonders schwer gefallen war? Denkst Du dann vielleicht, dass ich einfach ein Versager bin, der kein Glück bei Frauen hat?

Dabei hatte ich immer Sehnsucht nach einer Beziehung, Sehnsucht nach einer Frau, die ich auf Händen tragen kann, die mich versteht und mit mir lacht, die mit mir einschläft und mit mir aufwacht. Ich habe mir unser gemeinsames Leben all diese Jahre so wunderschön ausgemalt. Aber es war mir natürlich schon klar, dass ich hier nur meine Fantasie lebte und eigentlich sehr allein war. Aber jetzt mit Dir, scheint mir, kommt das richtige Leben wieder zu mir. Ich habe alles schon vorgeplant und kann es seit Jahren bildlich sehen; nicht nur sehen, auch hören, und vor allem spüren, wie es sich anfühlt, mit Dir zusammen zu leben. Wir werden lachen und Spaß haben miteinander, und wir werden viele neue Gedanken diskutieren, Gedanken zu uns selbst und zu unseren Berufen. Wir werden einen Weg finden, unser Wissen zusammenzulegen und etwas ganz Neues daraus machen.

Oh, ich kann mir das so gut vorstellen. Wir haben so viele Möglichkeiten, gemeinsam etwas auf die Beine zu stellen. Du bist klug und einfallsreich und hast auch schon in mehreren Sparten gearbeitet und etwas Eigenes aufgebaut. Mit Dir wird es ein Vergnügen sein, meine Kontakte und mein Organisationstalent so zu verwenden, dass wir der Welt etwas gänzlich Neues schenken. Ein neues Projekt, das aus Liebe entstand. Ein Projekt, das Altes und Neues verbindet und sich abhebt aus der Landschaft der althergebrachten Geschäftsideen. Wir werden etwas auf die Beine stellen, das vor uns noch nicht viele geschafft haben. Wir haben das Potential dazu und die Power. Wir können damit Vorbild werden, als Paar, als Liebespaar und als Geschäftsmodell.

Wir können die Wirtschaft verändern mit unseren neuen Plänen, denn die Wirtschaft braucht neue Impulse, neue Ideen, neue umgesetzte Projekte, die zeigen, dass eine NEUE Wirtschaft machbar ist. Eine Wirtschaft, die dem Volk dient, den Menschen und nicht einem abgehobenen Moloch, der unmenschliche Leistungen verlangt und Leben nimmt, statt Leben gibt. Wir können zeigen, dass sich die Welt gerade verändert und damit auch die Wirtschaftsideen. Es ist Zeit, sich neu zu orientieren, und wir werden die Menschen unserer Umgebung mit uns mitreißen, weil wir einfach umwerfend sein werden. Gemeinsam sind wir unschlagbar, aber wir wollen diese Stärke einsetzen FÜR und nicht gegen Menschen. Wir werden neue Arbeitsplätze schaffen mit einem völlig neuen Denkschema. Es wird nicht mehr die eigene Kraft geopfert, sondern das Arbeiten wird Kraft geben, weil wir im Einklang mit der Natur und unserem eigenen inneren

Wünschen in Verbindung mit dem Göttlichen Prinzip, das in uns allen wirkt, handeln werden.

Oh, wir haben ein wunderschönes Leben vor uns. Wir arbeiten beide gerne, und wir werden uns gegenseitig unterstützen und Support geben.

Wir werden EINS sein, nicht getrennt, sondern eine Einheit. Egal, ob gemeinsam in unserem Privatleben oder in unserem Berufsleben, wir werden ein Ganzes sein, ein Organismus, mit zwei Köpfen, zwei Gehirnen, zwei Seelen, zwei Herzen, ein Körper mit vier Armen und vier Beinen und zwei Rümpfen, die miteinander verschmelzen. Wir werden EINS sein.

Ich schickte Dir eine E-Mail und schrieb meine Gedanken ganz ehrlich und offen. Ich hatte zugegebenermaßen noch immer etwas Bauchweh, bei dem Gedanken, mich so weit zu öffnen und Dir meine geheimsten Wünsche zu beschreiben, aber mein bester Freund riet mir, es endlich zu tun. Also fasste ich mir ein Herz und schrieb:

"Meine allerliebste Lady, Ich kann es mir bildlich vorstellen: Ich sehe unsere Hochzeitsfeier in der Zukunft gemeinsam mit uns nahestehenden Freunden. Ganz in Weiß gekleidet stehen wir vor dem Priester, und ich stecke Dir den goldenen Ring an Deine schöne Hand. Und ich küsse Deine Hand und Dein Gesicht, und wir erklären einander unseren innigen Wunsch für den Rest unseres Lebens zusammen zu sein ... Alle diese Bilder kommen einfach so zu mir."

Es erschien mir plötzlich so einfach.

Ich gebe zu, ich war hingerissen. Ein Mann, der so fühlte, und das auch noch in Worte fasste und mir schickte! Damit meine ich nicht, dass Männer das nicht prinzipiell können, aber ich hatte auch erfahren müssen, wie schwierig es für die meisten ist, so viel von sich selbst preiszugeben. Auch Tom hatte mich in einem seiner ersten E-Mails gebeten, ihn in seiner schwierigen Situation mir gegenüber zu verstehen: *„Was kann ich Dich fragen? Habe ich ein Recht, Dich überhaupt irgendetwas zu fragen. Weißt Du, es ist nicht einfach für mich, aber ich versuche, Dir etwas aus meinem Herzen mitzuteilen. Was soll's: Ich liebe, und ich habe ein gutes Gefühl dabei."*

Seine Gedanken umgaben mich wie Watte, sanft und doch stark, und ich fühlte mich wie im siebenten Himmel. Ich erlebte meine Umwelt durch ein rosarotes Filter. Ich fühlte nach innen und stellte verwundert fest, dass ich tatsächlich verliebt war. Verliebt in einen Mann, den ich so lange Zeit nicht gesehen, und an den ich ewig nicht einmal gedacht hatte. Verliebt in einen Mann, den ich hier in diesem Leben wohl noch relativ kurz kannte, aber da war ein intensives Gefühl, wir hätten schon zumindest eine sehr intensive Beziehung gelebt gehabt, in welchem Leben auch immer. Und ja, ich glaube daran, so finden sich neue, oder eigentlich alte, Beziehungen, die uns wieder und wieder die Möglichkeiten geben, es gemeinsam diesmal ein Stück besser zu machen.

Ich war absolut davon überzeugt, dass Tom der langersehnte Mann war, den mir das Universum endlich geschickt hat.

Ich sang und tanzte und steckte meine gesamte Umgebung mit meiner guten Laune an. Ich strahle den ganzen Tag, egal wohin ich kam, alle sahen mir an, wie gut es mir ging und wie glücklich ich war. Ich schwärmte von der Kraft der Imagination und den Möglichkeiten, die wir im Leben hatten, uns alles, was wir uns wünschen, heranzuziehen. Ich lebte täglich mit Dankesgebeten ans Universum, dass es mir so viel Glück und Freude schenkte und mir so viel Kraft gab, in dieser hochschwingenden Energie zu sein. Manchmal war es gar nicht einfach, denn starke Gefühle sind mächtig. Sie können dich schon auch aus den Socken werfen, wie das so schön bildlich heißt. Also noch einmal: Es hat alles einen Sinn. Auch wenn wir ihn nicht gleich erkennen können.'

Dear my loveliest liebste beautiful Lady,

Everything you write to me makes me so happy and all the time I think about you and me.

Tomorrow I will fly to Norway; Kickoff meeting about educational project, and back on 8th of May.

I will write you a SMS before my flight 8.30 in the morning and keep you in touch.

I explain to you my last years, I was like a monk all the time, now I feel that life comes again to me because of you.

I love you, K.,

Yours Forever

Tom

In einem fremden Land. 2005 II

Tom war auf den Balkon gegangen, um sich alleine und in Ruhe mit meiner Bitte zu beschäftigen, mit dem Rauchen ganz aufzuhören und zwar JETZT. Ich blieb im Wohnzimmer und trank meinen Espresso, den die Kaffeemaschine freundlicherweise für mich zubereitet hatte. Es war eigenartig still in mir. Keine Gedanken, die mich ablenken wollten, keine Überlegungen, wie die ganze Sache da nun weitergehen sollte. Der köstliche Geruch der gemahlenen Kaffeebohnen hing noch in der Luft und vermischte sich mit dem Aroma des heißen, schwarzen Getränkes, das sich in einer wunderschönen alten Mokkatasse – weiß mit goldenem Muster – vor mir auf dem Beistelltisch befand.

Ich konzentrierte mich ganz auf diesen Moment. Ich WAR. Mehr gab es nicht. Ich war hier. Ah ja, doch. Es gab noch mehr. Die herrliche Ruhe in mir war leider nicht von Dauer. Nur ein paar Meter weiter saß ein Mann, in den ich einmal verliebt gewesen war und den ich nun wieder getroffen hatte. Und wir wussten beide nicht, was wir hier nun miteinander anfangen wollten. Außerdem musste er noch die Aufgabe bestehen, die ich ihm gestellt hatte. Ist er bereit, für mich und unsere angehende Beziehung sein langjähriges „Laster" des Rauchens aufzugeben?

Du kamst in mein Leben wie ein Schmetterling, den ich schon lange beobachtet hatte, aber nie glauben hätte können, er würde sich tatsächlich auf meinen Arm setzen. Plötzlich warst du da. Du schriebst, wann du am Flughafen ankommst und fragtest, ob ich Dich abholen könne. Das war alles. Nein, noch die Information, wie lange Du vorhättest, zu bleiben. Fünf Tage!

Verblüfft war ich eigentlich nicht, nur überrumpelt. Es war alles über den Haufen geworfen, was ich so vorsichtig begonnen hatte. Du kamst eigentlich nicht sanft wie ein Schmetterling, sondern gewaltig wie ein ... Ja, was? Ich empfand dein Eindringen in mein Leben heftig, stark wie eine Löwin. Du erschienst mir gefährlich, mächtig und gleichzeitig so zart. Deine Persönlichkeit verwirrte mich, machte mir teilweise Angst. Aber Du zogst mich in deinen Bann, und ich fühlte mich verzaubert. Wie in einer anderen Welt, mit völlig neuen Gefühlen, lachend und glücklich. Aber auch verunsichert und schwach. Die Bitte, mit dem Rauchen aufzuhören, brachte mich in arge Bedrängnis. Seit ich achtzehn Jahre alt war, rauche ich. Eine Ewigkeit sozusagen. Es hat noch nie jemanden gestört, alle Frauen in unserem Land, alle um mich herum, rauchen ebenso. Abgesehen davon, dass ich seit so vielen Jahren sowieso mit keiner Frau mehr zusammen war. Es gab keinen Grund, über meine Rauchgewohnheiten nachzudenken. Bis Du dann kamst und mich vor eine Entscheidung stelltest, die ich nie im Leben so schnell hätte treffen wollen. Natürlich waren meine Gefühle zu Dir stärker, als mein Bedürfnis, mich als Raucher zu definieren. Nur mein Körper machte da nicht so einfach mit. Ich lief eigentlich hinter meiner Entscheidung, spontan und jetzt sofort aufzuhören, hinter mir selbst her. Ein Teil war schon auf dem Weg, der Teil, der mit Dir zusammen sein wollte. Der andere Teil, der rauchende nämlich, der kam langsam hintennach.

Dieser Teil wollte eigentlich keine Veränderung und schon gar keine plötzliche. Dieser Teil hatte sich von Beginn an gegen eine Verbindung mit dir gesträubt. Denn er verstand Deinen Eingriff in mein Leben als Störung, nein, mehr noch, als Bedrohung. Meine Souveränität war dahin. Ich war abhängig von Dir. Abhängig von einer Frau, die ich nicht einmal richtig kannte. Aber unbedingt haben wollte. Ich wollte mit Dir leben, seit ich Dich vor zwei Jahren kennengelernt hatte. Ich war bereit, alles, wirklich alles aufzugeben und für Dich da zu sein. Da war das Rauchen eigentlich eine kleine Sache. Nur eben dieser Teil in mir, der rebellierte, der machte mir zu schaffen. Er versuchte mich zu „retten". Er sprach von „vorsichtig sein" und von „nicht alles aufgeben". Er begann mich an dem Tag, als wir zum ersten Mal zusammen waren, zu terrorisieren, und er hörte nicht mehr auf damit.

Ich wartete lange, gerade so lange, dass ich an der Grenze zur Langeweile entlangschlitterte. Natürlich hatte ich weder daran gedacht, mir meine übliche Reiseliteratur mitzunehmen, noch, mich mit genügend weißem Papier zu wappnen, das ich mit besonders tiefsinnigen Gedanken hätte füllen können. Also saß ich leicht entnervt im Wohnzimmer und wartete. Meine Erziehung gebot mir die nötige Gelassenheit, immerhin war seine Entscheidung eine

Entscheidung mit wirklich schwerwiegenden Folgen.

Tom konnte ja nicht wissen, was ich tun würde, falls er mir meine Bitte abschlug. Also vermutete er wohl, ich würde ihn dann einfach stehen lassen und mir einen anderen Mann suchen oder nie wieder mit ihm sprechen. Irgendetwas in der Art wohl, denn er brauchte geschlagene zwanzig Minuten, bis er Anstalten machte, wieder hereinzukommen. Mittlerweile hatte ich mir ein warmes Bad eingelassen, und der Rosenschaum roch herrlich verführerisch und lud mich ein, mich endlich bequem in die rosarote Badewanne zu legen. Just in dem Moment, wo ich endlich so richtig schön entspannt meine Beine streckte und den Schaum über mir verteilte, klopfte es an der Badezimmertüre.

„Darf ich hereinkommen? Ich möchte dich nicht stören ... wenn du nicht magst, dann warte ich draußen, bis du fertig bist."

Das kam mir dann auch wieder unpassend vor, also erlaubte ich ihm, sich an den Wannenrand zu setzen und mich zu unterhalten.

„Bist du zu einem Entschluss gekommen?", fragte ich ihn vermutlich mit einem kleinen Zweifel in meiner Stimme. War ich doch nach der langen Warterei schon auf alles gefasst.

„Ja", meinte Tom „natürlich ist das ein schwieriges Unterfangen, und ich bin mir nicht sicher, ob ich das schaffen werde. Daher habe ich mich entschieden ...", seine Kunstpause war wirklich beeindruckend. Fast kam bei mir schon wieder das alte Vorurteil hoch, dass ich von einem Mann solch schwerwiegende Dinge nicht verlangen durfte. Aber dann kam gerade noch rechtzeitig ...

„Ich will es machen. Ja, ich will es für dich machen. Ich höre auf zu rauchen." Er schnaufte etwas, ich wertete das als Zeichen der Gewichtigkeit seines Beschlusses.

Das war ja großartig! Es war kaum zu glauben, und so ganz überzeugt schien Tom von seinem Wagemut dann doch nicht zu sein. Etwas zögernd setzte er nämlich fort: „Vielleicht sollte ich es kleinweise angehen, nur weniger rauchen zuerst und dann, nach und nach, ganz aufhören?"

„Nein! Ganz sicher nicht", rief ich aus und machte eine wilde Handbewegung zu ihm hin, mit der ich gleichzeitig einen Teil der Schaumschichte entfernte und einen kleinen, aber offenbar reizvollen Blick auf meinen Körper frei gab.

Automatisch schaute Tom auf den sich teilenden Schaum und war sichtlich erfreut von dem Anblick, der sich ihm da bot. Er grinste plötzlich. Ich beeilte mich, mich schnell wieder ordentlich zu bedecken. Während ich glättend über die Wasseroberfläche strich und den Schaum abermals stilvoll als Blickschutz drapierte, konnte ich mich eines Lachens nicht erwehren. Tom blickte mich unverwandt an. Seine Phantasie war eindeutig in hellster Aufregung.

So nahe und doch so fern, schien die Devise gerade. Ich überlegte, ob er wirklich gewillt sein könnte, diesen Preis zu bezahlen. Und dann entschied ich für ihn.

„Entweder du hörst mit dem Rauchen jetzt ganz auf, dann kannst du auch zu mir in die Badewanne kommen, oder ..."

In weniger als einer halben Minute war er ausgezogen und unter dem Wasser.

Ich hatte plötzlich eine Stimme im Kopf, die sich der „Warner" nannte. Der Warner hatte nur eines im Sinn, nämlich mich zu retten. Als ich mich nach langem Nachdenken entschloss, für Dich die Zigaretten wegzulassen, begann ich ihn zu hören.

Du blicktest mich mit deinen sanften, grünen Augen so liebevoll an, als könntest Du meine Gedanken lesen und wolltest mich besänftigen in meiner Panik. Dabei versuchte ich, alles, was sich in mir abspielte, zu überspielen und ganz cool rüberzukommen. Das gelang bis zu dem Moment, wo Du den Schaum in der Badewanne unabsichtlich wegschobst.

Jetzt dachte ich zwar kurzfristig nicht mehr an das Rauchen, trotzdem kam ich nicht aus dem Gefühl heraus, dass irgendetwas zu groß für mich sei, was da gerade passierte. In dem Moment, als ich in die Badewanne sprang, hatte ich ganz andere Gefühle. Im Hintergrund aber – ganz ehrlich – spürte ich immer noch Angst.

Wir verbrachten diese Tage in einem eigenartigen Gefühl der Vertrautheit.

Während wir durch die Stadt flanierten und uns die Stadt und ihre wunderbaren Sehenswürdigkeiten ansahen, uns danach in kleinen Cafés mit kleinen Köstlichkeiten labten, verstanden wir uns prächtig. Unsere nicht enden wollenden Gespräche drehten sich in der Hauptsache um Geschichte, Wirtschaft, Literatur und Musik. Beide waren wir sehr belesen und ergänzten uns perfekt in unserem Wissen. Wir teilten ähnliche Ansichten über Philosophie und konnten uns gemeinsam endlose, virtuelle Berufsprojekte ausdenken. Zwischendurch spazierten wir durch die kleinen, engen Gässchen oder erklommen einen berühmten Hügel der Stadt, von wo aus wir einen herrlichen Blick in die Ferne hatten, der uns symbolisch für unsere gemeinsame Zukunft erschien. Kamen wir dann nach diesen langen Tagen in unsere Wohnung, fielen wir ins Bett und genossen einander.

Oder auch nicht. Ich verstand nicht ganz, wieso Tom teilweise so zurückhaltend war. Zwar schwelgte er während der Spaziergänge immer wieder wortgewandt in unserer zukünftigen Lust, während er mir dann zu Hause aber nicht die mir gebührende Aufmerksamkeit und Zärtlichkeit schenkte, wie ich sie von ihm erwartete. Ich war immer noch sehr bedürftig und wäre am liebsten den ganzen Tag mit ihm im Bett geblieben, kuschelnd, streichelnd, liebend, lachend. Wir hätten auch gar nichts von der schönen Stadt sehen müssen, und ich wäre glücklich gewesen. Hauptsache, Liebe geben und bekommen. Sogar das Essen war nicht wichtig. Meine Glücksgefühle waren die eigentliche Energiequelle, so schien es mir. Ich taumelte im Hormonrausch, ständig glücklich lächelnd und wollte nichts anderes mehr, als mich weiterhin so fühlen.

Tom schien dieses Gefühl allerdings nur zeitweise mit mir zu teilen. Manchmal erschien er mir abwesend und mit sich selbst beschäftigt. Aber dann blickte er schnell wieder zu mir, rückte sein Gesicht zurecht und küsste mich zärtlich. Ich dachte nicht weiter darüber nach, ich wollte einfach nur genießen und mich mit diesen zauberhaften Momenten des Glücks füllen.

Natürlich erfasste ich sein Problem mit der Rauchentwöhnung, denn dass er auf „Entzug" war, das konnte man deutlich sehen. Er kämpfte schwer mit sich. Aber er war tapfer, und ich fühlte mich wegen dieser Haltung gleich noch mehr geliebt und bewunderte ihn auch dafür. Er hatte tatsächlich für mich das Rauchen aufgegeben! Wenn das kein Zeichen war. Oder? Jedenfalls bemühte er sich so sehr.

Man konnte ihm ansehen, wie nackt er sich ohne die jahrelange vertraute Gewohnheit fühlte. Egal, ob es um das Ritual des Zigarette-aus-der-Packung klopfen ging, oder um das Anzünden und den ersten Zug machen. Oder einfach darum, dass er etwas in der Hand hielt und mit Hilfe des ausgeatmeten Rauches eine Art Wand um sich herum bauen konnte. Es fehlten ihm die äußeren Gewohnheiten und noch viel mehr natürlich die inneren. Das Nikotin und all die Giftstoffe, die der Körper schon so gewohnt war, die fehlten tatsächlich.

Und dann begann der Entgiftungsprozess. Eigentlich kann so etwas total einfach gehen. Wenn man es wirklich WILL und überzeugt ist, genau das Richtige zu machen. Dann hört man ohne weitere Symptome einfach von einem Tag zum anderen auf, und die Sache ist erledigt. Es muss keine Entzugserscheinungen geben, es braucht gar nichts, was einem das Leben schwer macht. Man muss auch stattdessen keine Süßigkeiten in sich hineinstopfen und deshalb Gewicht zunehmen. Das sind alles Märchen, die nicht sein müssen. Ich selbst habe ganz plötzlich mit dem Rauchen aufgehört, und ich habe diesen simplen Wechsel der Glaubenssätze bei meinem langjährigen Lebensgefährten miterlebt. Wenn der Wille da ist, dann findet sich ein ganz einfacher Weg. Sobald man versteht, dass man nichts versäumt, wenn man sich keine Zigarette ansteckt, dann ist der Reiz und die Sucht danach plötzlich weg. Aber das muss man so richtig verstehen und einiges an falschem Glauben über Bord werfen.

Nun, wenn ...

Der „Warner" hatte es sich zur Aufgabe gemacht, mich weiterhin in jedem Moment, den ich glücklich mit Dir verbrachte, zu „beraten". Es fiel mir immer schwerer, mich auf Dich einzulassen, mit einem ständig dazwischen

redenden Geräusch im Kopf. „Heute die Zigaretten, mor-
gen der Wein, übermorgen was wird da sein?" Wie eine
Endlosschleife wiederholte sich dieser sinnlose Satz in
mir. Ich bekam Kopfschmerzen.

Ich fürchte, es war für Tom nicht so einfach. Da er
keine weiteren Gespräche darüber führen wollte,
konnte ich ihm vieles nicht erzählen, was ihm vielleicht geholfen hätte, besser mit dieser wahnsinnigen
Situation umzugehen. Aber er versuchte einfach, es
nach seiner Art zu handhaben, und er wollte es alleine meistern. Er, der siegesgewohnte Held. Nur
diesmal kam er fürchterlich in Stress. Sein Körper
rebellierte und sein Verstand protestierte, obwohl er
diesem inneren Kampf sichtlich Einhalt gebieten
wollte. Es wurde schwer, statt leicht. Es ging völlig
schief, aber er kämpfte mutig weiter. Immerhin hatte
er mir versprochen, nicht mehr zu rauchen. Und
unsere Beziehung hing nun von seinem Willen ab.

Mir war wirklich nicht bewusst, in welch missli-
che Lage ich ihn da gebracht hatte. So verstand ich
kaum, dass er praktisch ständig mit sich kämpfen
musste. Es war, wenn man so will, sehr egoistisch
von mir, ihm eine solch immense Veränderung so
plötzlich abzuverlangen. Andererseits war er natürlich für sich verantwortlich. So wie ich für mich.
Leider hatten wir zu diesem Zeitpunkt diese Klarheit noch nicht entwickelt. Und so begann im Untergrund ein leises Murren, das ich nicht wahrnahm,
und das er überhören wollte.

Sein Stress war groß. Tom begann einen eigenen Stressgeruch zu entwickeln, der nicht mit dem Geruch zusammenpasste, den ich von ihm in der Nase hatte. Es war ein bisschen schräg, denn von Anfang an konnte ich ihn ja gut riechen, wie man so treffend sagt. Nun jedoch duftete er nicht mehr so fein in meine Nase. Und es war in diesen Tagen neben dem harmonischen Grundton, in dem unsere Begegnung schwang, ein leiser, aber doch, ab und zu, hörbarer Missklang zu vernehmen.

Als wir nach fünf gemeinsamen Tagen und Nächten Abschied am Flughafen nahmen, konnte ich meine Tränen nur mit Mühe zurückhalten. Tom versuchte erst gar nicht, seine Gesichtszüge zu beherrschen. Er sah entsetzlich schlecht aus. Ich drehte mich noch ein letztes Mal nach ihm um und sah ihn völlig verloren in der Halle stehen.

Erst als ich alleine an einem abgelegenen und etwas geschützten Platz der Abflughalle saß, ließ ich zu, dass meine Gefühle mich überwältigten. Es floss einfach aus meinen Augen heraus. Der Kummer war zu groß, um beherrschbar zu sein. Ich fühlte einen grellen Schmerz in meinem Herz und im Innersten wusste ich, wir würden uns nie mehr wieder sehen. Die Trennung war wie ein Riss, der durch mich durch ging, mein Innerstes teilte und sogar die Umgebung in kleine Stücke schnitt. Alles um mich herum begann lautlos zu zerspringen, und ich betrachtete in diesem Moment mein Leben in kleinen Mosaiksteinchen. Nichts passte mehr.

In den nächsten Wochen wollte ich mehrmals zum Telefon greifen und mich melden, aber es gelang mir nicht. Da keine Nachricht von Tom kam, erschien es mir angemessen, meine Gefühle, meine Sehnsucht, mein Verlangen, aber auch meine Enttäuschung und meine Trauer in mir zu verschließen und damit alleine umzugehen. „Contenance" war das Wort, das mir in den schwachen Stunden durch den Kopf schoss. „Nimm Haltung an, reiß' dich zusammen!", forderte mich meine innere Stimme auf.

Wir hörten tatsächlich bis Weihnachten nichts mehr voneinander.

Dann flatterte mir eine Weihnachtskarte ins Haus. „Merry Christmas!

I hope everything is well."

Ich schrieb nicht zurück.

Ägypten. Anfang Juni 2010.
Aus dem Tagebuch.

Und wieder ein paar Tage weniger, ich fühle mich immer wieder himmelhoch jauchzend, umgeben von Liebe, in Glück schwelgend, was lässt mich mein Glück nicht leben?

Nun der Blick auf den Kalender ...

Nicht einmal das Schreiben hilft an einem solchen Tag.

Die Tage bis Wien ziehen sich, aber verglichen mit dem Beginn dieses Kapitels sind es bereits eine ganze Menge weniger. Nur mehr sechsunddreißig. Oder eigentlich fünfunddreißig. Und vielleicht noch weniger, weil Tom einen Tag zuvor geschrieben hatte, dass er von 10.- 20. 7. käme. Das wären drei Tage mehr. Kann ich darauf vertrauen, dass es stimmte, was er ankündigte? Es wörtlich nehmen?

Ich schwanke zwischen der Zuversicht, die Wartezeit auszuhalten und dem Zweifel, ob und wie ich das schaffen würde. Die Zeit erscheint mir endlos. Noch fünf Wochen ... Nein, formuliere es positiv: Nur mehr fünf Wochen.

Früher war das leichter gegangen. Jedenfalls kam es mir so vor. Jetzt aber habe ich ein Leben vor Augen, nach dem ich mich schon immer gesehnt hatte. Das ich gehofft hatte, für immer mit meinem ägyptischen Mann zu leben. Und nun vermisse. So sehr vermisse.

Tom hegt wohl die gleichen Gedanken. Seit sieben Jahren wartet er auf diese Chance. Greif zu und lass nicht mehr los, war wohl jetzt seine Devise. Ich freue mich darüber so sehr. Ich war damals, im Jahr 2003, so verliebt gewesen und wäre gerne eine Beziehung mit ihm eingegangen. Hätte er mir damals einen Heiratsantrag gemacht, ich wäre blindlings in diese Ehe gesprungen.

Aber ich war nicht frei gewesen. Und das hatte er gespürt und sich ganz langsam und respektvoll zurückgezogen.

Jetzt aber ist es doch völlig anders. Ich bin FREI für ihn! Ich kann aus freiem Herzen JA sagen, wenn er mich fragt. Ich kann ihn umarmen, ihn halten, ihn küssen, und es ist meine Entscheidung ganz allein, mit ihm zu leben, mit ihm zu gehen. Keiner hat mitzureden, keiner kann mich beeinflussen, keiner steht im Hintergrund als ungelöste Beziehung, und ich habe ein gutes Gewissen. Es wird alles offen sein, offensichtlich. Es ist so unglaublich schön, so in eine Beziehung zu gehen. Es ist so unglaublich toll, zu wissen, dass ich mit meinem Mann überall erscheinen kann, ihm meine Liebe überall zeigen kann, nichts verheimlichen muss. Meine Liebe leben kann und seine empfangen.

Und er ist frei für mich. Er wartet schon so lange Zeit und schreibt, er konnte nur mich lieben und er hat nur mich gelebt. Und es ist da so viel angesammelt an Liebe und Zärtlichkeit und Miteinander-Sein-Wollen, dass es wie eine Schatztruhe ist, die bis jetzt verschlossen war, und nun kommt die Zeit, das Schloss zu öffnen und die herrlichen Schätze, die drin geborgen sind, herauszunehmen und zu genießen. In aller Offenheit. In aller Öffentlichkeit. Wir werden in Wien heiraten, und meine Familie und meine Freundinnen und Freunde werden dabei sein. Und Toms Familie auch, sofern sie nach Wien kommen kann. Zumindest sein Bruder.

Tom ist ehrlich. 2005.

Nachdem ich sie am Flughafen verlassen hatte, war mir das altbekannte Grauen ein ständiger Begleiter. Die vielen Jahre, die ich allein verbracht hatte, meine Freunde meinten, ich wäre ständig in Begleitung junger, hübscher Frauen unterwegs, und ich ließ sie in dem Glauben, half es doch auch, mein Selbstbewusstsein etwas zu heben, in all diesen einsamen Jahren also, hatte ich von einer Frau an meiner Seite geträumt.

Ich erschuf sie in meiner Vorstellung, mit genau jenen Attributen, die ein Mann sich von der Frau an seiner Seite wünscht. Sie sah natürlich hinreißend aus, so dass ich meinen Blick nicht von ihr wenden wollte. Außerdem hatte sie einen klaren Verstand. Das war mir sehr wichtig, wollte ich mich doch in unserer Beziehung nicht langweilen. Ich stellte mir vor, wie wir miteinander lachten und uns gegenseitig immer wieder mit liebevollen Bemerkungen und witzigen Aufmerksamkeiten überraschten, die unsere Verbindung beleben würden.

Auch wollte ich sie als meine Begleiterin bei meinen Events dabeihaben. Natürlich sollte sie repräsentieren können, so wie ich das ja auch tat, eine umwerfende Gastgeberin sein und mit Witz und Charme unsere Gäste aus aller Welt betören. Ich wollte verliebt sein in sie, nicht zu viel, damit ich nicht ständig an sie denken musste, aber doch so sehr, dass, wenn sie mir einfiel, ich mit einem inneren Lächeln einen erhebenden Augenblick erleben konnte. Und Licht sollte sie ausstrahlen, eine strahlende Persönlichkeit sein, die sich abhob von der dunkelgrauen

Umgebung, in der ich die meiste Zeit verbrachte und investierte. In den vielen Jahren des Alleinlebens war so eine wunderbare Kunstfigur von mir erschaffen worden, eine virtuelle Frau, wenn man so will, die sich an meiner Seite bewegte, so elegant und vertraut, wie ich es nur von meinen Träumen her kannte.

Und dann fand ich diese Frau! Einfach so, kam sie in mein Leben und überwältigte mich mit genau den Eigenschaften, die ich bei meiner virtuellen Gefährtin so geschätzt hatte. Wie sollte ich damit umgehen?

Jeden Tag fragte ich mich, ob mir diese Verbindung, diese Verbindlichkeit, die sich aus einer Beziehung mit einer wirklichen Frau ergab, ob mir das eigentlich passte. Könnte ich mein ganzes Leben umkrempeln, es auf den Kopf stellen für eine Frau? Würde sie von mir erwarten, dass ich mich für sie, für uns, veränderte? Wünschte sie sich vielleicht dann etwas, das ich nicht bereit bin zu leisten, zu liefern oder einfach nur zu leben? Ich kämpfte hart mit mir, denn ich befürchtete das Schlimmste. Und das Absurde dabei war: ich erhoffte ebenso das Beste für mich. Unglaublicherweise hoffte ich, dass es so wäre. Dass sie Dinge von mir erwartete und verlangte, die ich eigentlich nicht bereit war zu leisten, die ich aber trotzdem leisten wollte, nur damit sie sehen, verstehen und erkennen konnte, wie sehr ich sie liebte, und wie stark mein Wunsch nach einer Beziehung mit ihr war. War das noch normal?

Ich begann, mich zu beobachten. Meine kleinsten Reaktionen auf meine Umgebung gaben mir Anlass, mich noch genauer zu betrachten. Kein Mosaiksteinchen meiner Empfindungen, meiner Gefühlswelt blieb unbeachtet.

Alles wurde genauestens unter die Lupe der unerbittlichen Selbstkritik genommen. War ich noch normal? Es gelang mir nicht einmal mehr, mich im Spiegel beim Rasieren zu betrachten, ohne der linken Mundwinkelfalte eine besondere Bedeutung oder dem Schwung meines linken Armes beim Ansetzen der Rasierklinge auf mein Kinn eine bestimmte Gewichtung abzugewinnen.

Ich musste alles interpretieren. Jede Kleinigkeit, die ich fühlte, jede unwillkürliche Bewegung meines Körpers galt mir als Zeichen. Aus der anfänglichen Aufmerksamkeit mir selbst gegenüber, die ich sehr begrüßte, immerhin änderte ich meinen früheren unbewussten Lebensstil auf einen sehr hohen Bewusstseinsgrad, aus dieser Aufmerksamkeit also wurde nach und nach eine übertriebene Manie der Affektion.

Es gelang mir nicht mehr, einfach nur zu leben, zu empfinden, zu lachen, zu denken. Nein, das wäre ja viel zu einfach gewesen. Ich musste nun jeden Gedanken, jedes Gefühl, jedes Lachen und jeden Ärger erst noch minutenlang, dann jedoch stundenlang analysieren, darüber nachdenken, wie sehr er mich in eine Veränderung brachte, die ich wollte oder auch nicht, und welche negativen oder positiven Effekte sich danach in meinem Leben einstellen könnten. Immer öfter ertappte ich mich dabei, mich in das Badezimmer zurückzuziehen und meinen seltsamen Gedanken nachzuhängen. Wirklich, es machte mir Angst und Vergnügen gleichzeitig, mich so dem eigenen Verstand hilflos auszuliefern. Es gab Zeiten, da vergaß ich die Welt rund um mich und übersah sogar berufliche Termine. Nachdem ich mehrmals zu spät oder gar nicht zu wichtigen Veranstaltungen erschienen war, ließ ich mich immer von meiner Sekretärin rechtzeitig auffordern, mich bereit und auf den Weg zu machen, bzw. nützte ich mehr und mehr die Funktionen meines Mobiltelefons, um mich idealerweise eine Stunde vor einem Termin mittels Erinnerungsfunktion zu „wecken". Denn trotz meiner scheinbaren Wachheit schien ich in irgendeiner Weise in eine Art Trancezustand zu fallen, sobald meine Gedanken mich mit sich fort trugen.

Der Moment, als du mich am Flughafen verließt, war genauso, wie ich das im Badezimmer immer erlebt hatte. Ich begann mich in meinem Kummer zu beobachten und zu analysieren und stolperte halbblind zum Auto, um nach Hause zu fahren. Meine Hoffnung war groß, dich zu vergessen, über die Trennung hinwegzukommen und mich wieder auf meine übliche Lebensweise zu konzentrieren, die ja auch davor ohne dich funktioniert hatte.

Während der nächsten Tage und Wochen analysierte ich mich praktisch täglich, stündlich, nein, eigentlich minütlich. Mir fiel auf, dass ein Alleinsein für mich wesentlich angenehmer war, da ich dann niemandem Rechenschaft abzulegen hatte, nur mir selbst. So konnte ich getrost auch wieder nach meinen Zigaretten greifen, die sich durch deine Bitte nach meinem Tabakentzug schon fast verloren in der großen Lade des Wohnzimmertisches gefühlt haben mussten. Erleichtert machte ich einen kräftigen Zug, nach fünf Tagen schwerer Kämpfe mit mir, fühlte ich mich endlich befreit. Ich hatte es geschafft, meine Analyse hatte mir geholfen, ich war wieder ich selbst, ich der Raucher. Der „Warner" hatte absolut Recht gehabt. Ich musste auf mich selbst aufpassen, auf niemanden anderen sonst. Und die Schnapsidee, wegen einer Frau mit dem Rauchen aufzuhören, konnte ich dort einreihen, wo meine anderen sinnlosen, guten Vorsätze gelandet waren. Im Wohnzimmer. In der Tischschublade.

Nach einer heftigen Woche, die ich mit Rauchen, Denken und Sinnieren verbrachte, wusste ich nicht mehr, wie ich jetzt noch mit ihr in Kontakt treten sollte. Es war mir peinlich, mich so lange nicht gemeldet zu haben. Nebenbei fühlte ich mich als Verräter, weil ich das Versprechen, das ich ihr gegeben hatte, nicht geschafft hatte, einzuhalten. Und dass ich versagt hatte, war mir sonnenklar. Ich war ein Versager in jeder Beziehung. Nichts, aber auch gar nichts, fiel mir ein, womit ich meine Mängel entschuldigen hätte können. Wie sollte ich ihr das alles begreiflich machen?

Ich versank in eine weitere Woche endloser Grübelei, die mich davon überzeugte, es für mich abzuschließen. Es hatte ja doch keinen Sinn. Ich war nicht geschaffen für eine richtige Beziehung. Meine virtuelle Frau war langsam wieder in mein Bewusstsein gekommen, hatte sie, die lebende, sprühende, fordernde Frau, abgelöst und verdrängt. Es bleib kaum mehr ein Gedanke an sie zurück. Die Erinnerung an unsere gemeinsamen Tage verblichen mehr und mehr. Meine virtuelle Frau nahm ihren Platz ganz und ohne zu zögern wieder ein. Ich rief sie nicht mehr an und SMS schreiben erschien mir fast wie ein Frevel, eine Übertretung. Also meldete ich mich einfach nicht mehr und hoffte, dass sie mich in guter Erinnerung behalten würde.

Ägypten. Mitten im Juni 2010.
Aus dem Tagebuch.

Wir werden uns in Wien in weniger als vier Wochen treffen! Es sind jetzt nur mehr siebenundzwanzig Tage. Wenn ich mich darauf verlassen kann, dass Tom kein ägyptisches Zeitgefühl hat und daher mit Daten nicht irgendwie, wie das hier üblich ist, sondern verlässlich, umgeht. Ich merke, wie sehr ich mich verändert habe in diesen drei Jahren, die ich jetzt in Ägypten lebe. Vertrauen in jemandes Zahlenangabe? Wenn meine Freundin Nora heute, während wir in der Küche das Frühstück vorbereiteten, mich nicht darauf hingewiesen hätte: „Du sprichst mit einem Europäer. Der meint die Zahl, die er sagt."

Ist das so? Ich hab das vergessen. Aber sie hat wohl Recht, vor allem, wenn es ums Datum geht. Der zehnte des Monats ist der zehnte.

Seit längerem vergesse auch ich regelmäßig, welchen Tag wir haben oder welches Datum. Es ist einfach nicht wichtig, es spielt keine Rolle hier in der Hitze dieses Landes. Jeder Tag verläuft ähnlich dem vorangegangen, und du kannst dich auf eines ziemlich sicher verlassen, dass nämlich der nächste Tag ähnlich verlaufen wird. Das Leben verläuft gleichförmig und ohne besondere Änderungen. Das ist allein schon am Wetter ersichtlich. Monatelang ziemlich das gleiche Wetter. Heiß, heiß, heißer, heiß, heißer, heiß, heiß.

Langsam schleichen sich die ersten Zweifel ein. Werden wir uns wirklich treffen? Meint Tom alles ernst, was er mir schreibt? Seine Ankündigungen über unser gemeinsames Leben, kann ich mich darauf verlassen? Ist das auch sicher? Glaubt er sich denn selbst? Warum habe ich solche Sehnsucht nach ihm und weiß nicht einmal sicher, ob ich ihm eigentlich vertrauen kann, darf?

Gleichzeitig wundere ich mich über mich, denn in Ägypten habe ich doch gelernt, die Dinge kommen zu lassen, wie sie eben kommen wollen.

Eine gewisse Gelassenheit hat sich in mir breit gemacht, „Inschaallah – so Gott will – oder: wie Gott will – so wird es sein". Aber bei manchen wichtigen Lebensumständen bin ich einfach noch nicht soweit, dieses Gottvertrauen auch zu leben. Obwohl ich es gerne täte. Denn so würden viele Situationen leichter zu meistern sein. Warum kann ich nicht endlich mein Schicksal so lassen, wie es ist. Warum quäle ich mich immer wieder mit diesen Gedanken? Und so kämpfe ich gerade mit meinem Misstrauen, dass ich mich auf eine bestimmte Zeitangabe verlassen kann. „Ich komme vom 10. - 20.7.", heißt für einen Europäer genau das, oder?

Dann denke ich darüber nach, dass Tom ein Geschäftsmann ist, der mit Zahlen umgehen kann und daher auch mit einem angegeben Datum. Und so absurd das klingen mag, es fällt mir schwer, mich einfach darauf einzulassen.

Warum ist das so wichtig? Weil ich meine Zeit einteilen möchte, weil ich wissen möchte, wie viele gemeinsame Zeit wir haben, weil es eben einen Unterschied macht, ob wir sieben oder zehn Tage zusammen sein können.

Besonders, wenn vorher schon fünf Jahre liegen und danach bis zum nächsten Treffen vermutlich wieder sechs bis acht Wochen liegen werden. Wie kann man das verkürzen? Wie geht man damit um, dass der Abstand räumlich im Moment so groß ist und der zeitliche Abstand ebenso. Ich halte diese Warterei nicht mehr aus. Sogar der Stundenfresser, den ich mir tatsächlich als Kalender gebastelt habe, wo ich die Tage abschneiden kann, sogar der hilft mir in meiner Ungeduld nicht weiter.

Im Radio spielen sie heute viel italienische Musik. und ich schmelze in Sehnsucht dahin. Schon am Morgen stand ich mit erhobenen Armen, die ich halb über meinen Kopf schlang, und tanzte langsam vor mich hin. In meinen Armen hielt ich IHN, der nie tanzt, und dem ich die Freude an dieser gemeinsamen Bewegung noch zeigen werde. Ich tanzte mit ihm, als wäre er tatsächlich hier. Ich sah in seine braunen, liebevoll auf mich blickenden Augen, und ich fühlte seinen Körper an meinem, so als schmiegten wir uns tatsächlich aneinander. Es war ein schöner Tanz und mir wurde klar, wie sehr ich diese gemeinsame Bewegung vermisste.

Wir haben begonnen, miteinander zu arbeiten. Das soll heißen, ich habe für ihn drei Seiten Übersetzungsarbeit aus dem Englischen ins Deutsche gemacht. Ein Einladungsschreiben für die nächste Veranstaltung, und ich beginne Toms Arbeit etwas besser zu verstehen.

Es macht Spaß, in seine Gedanken zu schlüpfen und seine Gefühle, die zwischen den Zeilen stehen, zu lesen. Ich fühle ihn als sehr verantwortungsbewussten Mann, der seinem Land dient und alles daran setzt, die brachliegende Wirtschaft mit Energie, Geld und Ideen zu füllen. Er verbindet Menschen auf den ihnen entsprechenden Ebenen. Er setzt Signale, Akzente. Er erkennt ihre Bedürfnissen und Wünsche und sucht die entscheidenden Gegenpole, um so eine „WIN-WIN" Situation für alle Beteiligten zu gewährleisten.

Ich bewundere ihn in seinem Weitblick und seinem Engagement. Und ich gebe zu, ich wünschte mir immer einen charismatischen Mann wie ihn, der voll Erfolg im Beruf ist, und dessen Beruf seine Berufung ist, mit der er etwas bewegt in der Welt. Es macht einen gewaltigen Unterschied, ob ich den Menschen das Gehirn wasche, indem ich zum Beispiel sinnlos angstmachende Krimis, Zeitungsberichte oder Filmmanuskripte schreibe, oder ob ich ihnen

Ideen gebe, wie sich ihre (wirtschaftliche) Situation verbessern lässt und eine Plattform zur Verfügung stelle, wo sie sich austauschen und neue Kontakte und Informationen finden können. Ja, ich finde ihn toll.

Ich weine vor Dankbarkeit über alles, was mir in diesen Tagen so passiert. Ich erwarte einen Mann, der von seiner Energie und Ausstrahlung so ist, wie ein Mann in meiner Vorstellung sein sollte. Ich empfange seine Gedanken und Gefühle über tausende Kilometer. Mir kommen die Tränen vor Glück, wenn er schreibt, dass er spürt, wie ich ihm Energie sende, um die er mich gebeten hat. Ich sehe ein Leben vor mir, in dem ich das alles leben kann, woran ich glaube.

Wir stehen vor einem offenen Tor, wie auf einer Bühne kann ich hier die Umgebung gestalten, die Menschen, die hier eine Rolle spielen werden. Ich sehe die unendlichen Möglichkeiten, ich greife in die Fülle der Farben und Formen und erkenne, wie ich dieses mein Bühnenleben, nein: mein tatsächliches, reales Leben selbst kreieren kann. Ich stelle mir vor, wie ich mit meinem Mann in einem Garten sitze unter blühenden Bäumen und die Vögel zwitschern, und wie wir uns anlächeln, soeben aus dem Bett gestiegen nach einer erotischen und erfüllenden Liebesnacht, gemeinsam geträumt, wissend, wie glücklich wir sind, weil wir uns das alles schon vor einiger Zeit bewusst gewünscht haben und es nun auch so gekommen ist.

Wir sind glücklich, weil wir verstanden haben, wie wir die Dinge zusammenfügen müssen, damit unser Leben genauso stattfindet, wie wir es gerne leben wollen. Wir haben einen gemeinsamen Raum, den wir kreieren, gemeinsam einrichten, gemeinsam die Farben, Formen und Klänge aussuchen und die Gerüche, die Geschmäcker, die Gefühle, die wir gemeinsam erleben wollen. Nein, nicht ursprünglich gemeinsam.

Ursprünglich war der Wunsch für jede/n von uns, dass wir uns so in dieser speziellen Weise fühlen wollen. Glücklich, erfüllt, fröhlich, leichten Herzens, überschwänglich, geliebt und liebend, lachend, singend, tanzend, herzlich, warm und liebevoll, zärtlich und erotisch, wild und stark, zart und geborgen, verlockend und hinreißend, umsorgend und beschützend ...

Ursprünglich haben wir jede/r für sich diese Vorstellung gehabt, dies Phantasie, diese Idee ... diesen Wunsch nach all den schönen Gefühlen. Und so haben wir es uns immer wieder vorgestellt, vorgesagt, gedacht, hingehorcht, immer wieder ausgemalt, wie schön das sein wird oder schon ist.

Das Geheimnis liegt ja darin, es sich so vorzustellen, als lebte man schon in diesem herrlichen Gefühl. Nichts trennt uns mehr davon, wir sind mitten drin. Wir spüren genau diese Lust zu leben, dieses Glück so zu sein, wie wir es uns wünschen. Wir fühlen und sind schon so, wie wir gerne sein würden!

Und damit ziehen wir einander an.

Wir haben einen Raum vor uns, wir stehen an der Schwelle und sehen auf dieses weite Feld der unendlichen Möglichkeiten. Jetzt fliegt eine Farbe vorbei und noch eine, und wir können uns jede erdenkliche Farbe nehmen und damit diesen Raum bemalen. Jede erDENKliche Farbe in jeder erdenklichen Schattierung, und wir malen uns den Raum in jeder erdenklichen Art. Dann fliegen Formen vorbei und wir wählen, welche Formen wir in diesem Raum haben wollen, und wo diese Formen stehen sollen und welche Aufgabe diese Formen haben. Das können Stühle oder Tische, Betten oder eine Waschmaschine sein. Oder es sind Bäume und Gras und Sträucher und eine Bank. Oder es sind ein Strand und das Meer oder ein See mit Segelbooten. Oder ein Motorboot und wir sitzen auf der Yacht, halten in der Hand eine Form, die man Glas nennt und in diesem Glas findet sich Farbe in Form orangeroter Flüssigkeit, die man „Screwdriver" nennt, Wodka mit Orangensaft.

Oder wir stellen uns diese Form als Gebirge vor, mit weißen schneebedeckten Hängen und wir haben Formen an den Beinen, die man Schi nennt oder Snowboard, und wir wedeln den Tiefschneehang hinunter. In jedem Fall gestalten wir diesen freien Raum mit unserer Vorstellung, mit unserer Intention, etwas Bestimmtes zu erleben.

So lassen sich Lebenssituationen gestalten, kreieren, so gestalten wir tatsächlich unser Leben. Wir wissen es meistens nur nicht. Die Idee, mit Farben und Formen im Kopf und im Herzen die dazu passenden Gefühle zu erschaffen, ist der erste Schritt dazu. Die Ausführung danach ist einfach. Solange wir diese Gefühle über einige Zeit fokussiert wahrnehmen und halten, geschehen unglaubliche Dinge um uns herum. Im schnellsten Fall läutet das Telefon, und jemand lädt Dich zu einer Skitour oder einem Segeltrip ein.

Die meisten Menschen wünschen sich eine Sache und am nächsten Tag eine andere. Die Energie springt umher und kann sich nirgends setzen. Das heißt nicht, dass wir uns nur eine Situation wünschen und kreieren können. Wir sind Multitalente, wir können viel mehr auf einmal. Aber wir müssen bewusst jeden Tag unsere Energie genau auf diese ein, zwei, drei Wünsche geben, und jeden Tag meint wirklich jeden Tag. Unaufhörlich unsere Aufmerksamkeit auf diese Wünsche richten und gleichzeitig schon danach fühlen und handeln. Wie viele von uns haben etliche Bücher gelesen und das schon oftmals gehört, dass es ganz einfach ist, und trotzdem ist es nicht gelungen.

Das Geheimnis (wie im Buch „The Secret" – um nur ein bekanntes zu nennen – auch beschrieben) liegt einfach darin, dass wir keine Verzettelungsaktionen mehr dulden dürfen. Keine Zweifel mehr zulassen, denn die kleinste Skepsis lenkt die Aufmerksamkeit schon wieder woanders hin.

Völlig in der Vorstellung bleiben, wie wir uns unser Leben gestalten wollen. Schon so fühlen, wie es sich anfühlt, wenn wir das alles erreicht haben. Schon das Glücksgefühl spüren, das in uns aufsteigt, wenn wir an unseren geliebten Mann/unserer geliebte Frau denken, wenn wir sie sehen, das herrlich herzerwärmende Gefühl leben, das mit Liebe verbunden ist, die wir in die Welt schicken und die zu uns zurückgeschickt wird.

Ständig unsere Bewusstheit darauf richten, dass wir in uns so schön sind, dass uns die Umgebung in aller Schönheit spiegeln kann.

Wenn wir es uns jetzt erlauben, eine/n uns entSPRECHENDe/n Partner/in ins Leben zu holen, dann können wir davon ausgehen, dass es auch der oder die richtige für den nächsten Lebensabschnitt, wie lange auch immer dieser dauert, sein wird. Denn wir sind ja bereits vor dem Tor des freien Raumes gestanden, in dem wir kreieren können, wie wir wollen, und haben uns diesen Menschen vorgestellt. Vielleicht nicht bewusst, dann hat eben unser Unbewusstes ihn beziehungsweise sie kreiert und herbeigerufen. Oder aber schon bewusst, im Wissen um die Möglichkeiten, die wir mehr und mehr aktiv nützen ...

Dieser Mensch ist mit 100%er Sicherheit der richtige Mensch, der uns im JETZT begegnet, und mit uns gemeinsam einen Teil des Weges geht. Sie oder er wird uns spiegeln, wird uns in schönen Bildern zeigen, was wir schon alles gut gemeistert haben, und in weniger schönen, wo es noch Steine gibt, die im Wege liegen und weggeräumt oder umgangen gehören. In jedem Fall wird dieser Mensch genau dem entsprechen, was wir uns bewusst oder unbewusst ins Leben gezogen haben wie ein Magnet.

Die beste fokussierte Kreation des eigenen Lebens erschafft man, wenn man sich jeden Tag aufschreibt, wie man sich fühlen möchte, und wie man leben möchte – so als hätte man das alles schon.

Also: JEDEN Tag, die GEFÜHLE, in denen man leben will und SO ALS HÄTTE/WÄRE MAN ES SCHON.

Das könnte zum Beispiel so aussehen: Ich lebe glücklich und erfüllt in meiner Beziehung/Ehe mit meinem Partner/meiner Partnerin, der/die liebevoll, erfolgreich, humorvoll, zärtlich, vertrauenswürdig, treu... etc. ist.

Ich bin so dankbar, dass ich all mein Wissen sowohl in der Beziehung als auch in meinem Beruf einbringen kann und mich täglich weiterentwickle, mit Unterstützung meines Partners/meiner Partnerin, die oder den ich ebenso spiegeln darf und ihr oder ihm in der persönlichen Entwicklung ebenso eine Stütze sein darf.

Wir wohnen in einem wunderschönen Haus mit Garten/Dachgeschosswohnung mit Terrasse/Wohnwagen/ am See ... und genießen jeden Abend den Sonnenuntergang/jeden Morgen den Sonnenaufgang gemeinsam. Wir haben genügend Zeit, miteinander zu sein und genießen das sehr, aber ebenso unsere Freiräume, die wir so nützen können, wie es uns alleine gut tut ...

Ich bin fröhlich, lachend, glücklich, sprudelnd vor Energie, gesund und schön ...

Angenommen diese zweite Seele stellt sich nun genau das gleiche vor, will genauso viel Liebe geben und nehmen wie wir, möchte auch lieber in den Bergen als in der Stadt wohnen und ist jetzt schon dankbar, dass die Beziehung so glücklich und vertrauensvoll gelebt wird ...

Wer soll verhindern, dass sich diese beiden Kräfte, die entsprechend fokussiert, jeden Tag in allen Farben und Formen kreieren, zusammenkommen? Wer kann sich nicht vorstellen, dass die Kraft unserer Gedanken, die diese Idee über einige Zeit ganz konkret und deutlich und ständig mit Energie füllt, dass diese Kraft nicht jemanden anziehen soll – geradezu magnetisch – die oder der genau die gleiche Vorstellung hat vom Leben in Liebe.

Im April, als ich nach Wien zum Kongress geflogen war, wollte ich meine Zeit gut nützen. Ich begann SMS zu erhalten, in denen mir Tom seine Unterstützung zusagte. Er denke an mich und er sei bei mir. Und tatsächlich begann zu dieser Zeit, diese einzigartige, energetische Geschichte zwischen uns spürbar zu werden. Ich spürte ihn neben mir gehen oder sah ihn vis-à-vis von mir sitzen. Ich konnte ihn richtig sehen, und immer wenn ich an ihn dachte, erhielt ich fast zeitgleich seine nächste SMS. Wir begannen miteinander zu kommunizieren, hauptsächlich ohne technische Hilfsmittel, die nützen wir dann nur, um zu bestätigen, was wir ohnehin schon wussten. Wir konnten miteinander sein in all unserer Energie. Wir begleiteten uns gegenseitig durchs Tagesgeschehen, und das Bewusstsein dafür wurde immer stärker. Unsere SMS brachten mir immer öfter ein glückliches Lachen.

Eines Nachmittags saß ich zu Hause in der Sonne am Fenster und hatte meinen Laptop auf dem Schoß. Ich suchte im Internet nach Fotos von ihm. Ich wollte mehr sehen, mehr von ihm mitbekommen. Und ich wurde fündig, viele Bilder waren zu finden. Immer er alleine, nie eine Frau neben ihm, nur Männer. Ich verlor mich in den Weiten des Netzes und gestaltete eine Stunde nur mit Fotorecherche. War da irgendwo vielleicht doch noch ein Foto, das ich betrachten konnte, gab es noch schönere, bessere Bilder auf denen ich sehen konnte, wie er sich verändert hatte in all den Jahren? Plötzlich kam seine SMS: „Ich sehe mir gerade deine Fotos an, Du bist wunderschön."

Synchronizität. Wir waren synchron geschaltet! In den darauffolgenden Wochen erlebten wir das häufig. Ich dachte an ihn, und er schickte seine Botschaft oder umgekehrt. Ich konnte ihn fühlen, nur nicht angreifen. Aber das Gefühl füreinander verstärkte sich mehr und mehr.

Dabei verstand ich überhaupt nicht, was da passierte. Ich war soeben aus einer schwierigen Beziehung herausgekommen und war wirklich nicht auf der Suche nach einer weiteren. Aber ich hatte schon seit Monaten mein Abendbuch gefüllt mit der Vorstellung, wie ich und mit wem ich leben möchte. Die Sehnsucht nach einer lebbaren Beziehung war riesig. Und da stand ganz eindeutig etwas von meinem Mann, der mich auf Händen trüge, liebevoll, zärtlich und humorvoll, ein Mann mit Charisma und ein Mann der Tat, beruflich erfolgreich wäre und meine Bewunderung hätte.

Ich wünschte mir einen Mann, der sich absolut für mich entscheiden konnte und mit mir verheiratet sein wollte und mich genauso unterstützte in meinem Leben, meiner persönlichen und beruflichen Entwicklung, wie ich ihn unterstützen wollte.

Seit Monaten lebte ich schon mit dem „virtuellen" Mann meiner Träume an meiner Seite, den ich ausgesprochen ähnlich wie Tom beschrieben hatte, wie ich sehr erfreut erkannte.

Zufall? Zu-ge-fallen! Er war mir wirklich zugefallen, denn ich hatte mir genau seine Eigenschaften in meinem zukünftigen Mann herbeigewünscht. Sogar die grauen Haare und seine Figur passten. Ich wollte einen reifen, lebenserfahrenen, attraktiven Mann, der sich um mich sorgte und kümmerte, wie ein Mann sich um seine Frau eben sorgen und kümmern soll, aber der mir alle meine Freiräume ließ, weil er voll Respekt mir gegenüber anerkannte und genau so – wie ich ihn auch – bewunderte, was ich alles in meinem Leben erfahren und erreicht hatte. Dem es Vergnügen bereitete, mein Wissen und meine Erfahrungen auch für sich zu verwenden und ebenso unbekümmert, mir sein Wissen zur Verfügung stellte.

Ein Mann, der sich wünschte, dass wir all unsere Fähigkeiten und all unsere Möglichkeiten zusammenlegten und gemeinsam daraus etwas Neues kreierten. Ein Mann, der die Idee hatte, dass wir als Paar tatsächlich viel mehr Potential hätten und diese Kraft und Kreativität nützten, um eine Art Vor-Bild für andere zu sein. Ich wollte mit meinem Mann gemeinsam alte Muster und Glaubenssätze auflösen und neue Paradigmen einführen. Unsere Beziehung bewusst gestalten und kreieren, die anderen ein Vorbild sein könnte, um sich danach auszurichten und sie als positive Bestätigung der unendlich vielen, großartigen Möglichkeiten der gemeinsamen Entwicklung zu sehen.

Ich war immer unkonventionell und für manche Leute in meiner Umgebung unfassbar … nicht nachvollziehbar, was ich in meinem Leben bereits alles ausprobiert hatte, und was ich alles dabei erfahren durfte. Viele meiner Freunde und Freundinnen schätzen das, manche konnten gar nicht damit umgehen. Mit diesen hatte ich auch nicht mehr viel Kontakt.

Meine Familie war schon lange daran gewöhnt, dass ich nichts „Normales" lebte, sondern immer wieder aus dem Vollen schöpfte und offen war für neue Unternehmungen, neue Länder, neue Abenteuer. Spannend für mich war immer, welche Lektion mir das Leben auf diese Weise beibringen würde.

Ich bin bis heute davon überzeugt, dass gerade all die Unannehmlichkeiten, die ich auf mich zu nehmen hatte mit dieser Art zu leben, mich weiter vorbereitet haben auf wichtigere, größere Dinge, die noch zu lernen waren. Ich bin in all den Jahren stetig gewachsen in Verstand, Geist und Seele ... und das sah und sehe ich als Sinn des Lebens. Das Wachstum des Menschen. Inneres und Äußeres, geistiges und seelisches Wachstum. Alle Arten von Wachstum durch Ausprobieren, Studieren und Lernen zu erfahren. Mit jeder neuen Erfahrung bestätigte ich mir meine Philosophie, nach der wir uns das nächste Lernprogramm in unser Leben ziehen, sobald wir dazu offen sind. Sei das ein neuer Mensch, ein neuer Lebenspartner/eine Lebenspartnerin, sei das in Form eines Freundes oder einer Freundin oder aber ganz „banaler" Dinge wie neue Berufe, neue Wohnstätten, neue Urlaube, neue Haustiere, neue Bücher und alles andere ebenso.

Alles rund um uns herum dient uns zu unserem Wachstum, so wie wir unserer Umgebung dienen.

Und wir ziehen exakt die Personen mit all den Eigenschaften und Verhaltensweisen und Glaubenssätzen an, die wir brauchen, um unsere nächsten Schritte in unserer Entwicklung zu setzen. Sie kommen in aller Liebe, mit dem Wunsch uns zu helfen, uns selbst zu erkennen. Die Liebe ist die treibende Kraft, die wunderschöne Beziehungen möglich macht, aber auch entsetzliche und schreckliche. Die Liebe hilft uns, uns so weit selbst zu überwinden, als Spiegel für unser Gegenüber zu dienen, damit sich dieser von uns so geliebte Mensch genauer ansehen kann, besser erkennen kann.

Denn diese Bewusstheit ist notwendig, damit wir uns weiterentwickeln, neue Schritte setzen, neue Verhaltensweisen leben. Die Frage ist immer, was möchte ich eigentlich sein? Wie möchte ich eigentlich leben, was tut mir gut, welche Eigenschaften möchte ich entwickeln, damit ich mich in meinem Gegenüber so spiegeln kann, dass es mir gefällt, wenn ich es sehe? Wie viel Liebe braucht es, um den anderen auch in seinen Schrecklichkeiten zu spiegeln? In seiner Arroganz oder seinem Besserwissen, in seiner Aggression oder in seiner Hilflosigkeit. Wie viel Liebe bringen wir in eine neue Beziehung mit, um uns selbst klarer und deutlicher zu machen, damit der Partner oder die Partnerin sich selbst durch unsere Reaktionen auch sehen kann? Uns als Übungspartner nehmen kann, mit sich selbst ins Reine zu kommen, eine bessere Kommunikation zu entwickeln oder sich selbst besser betrachten zu können. Wie viel Liebe braucht es, in Beziehungen etwas zu lernen? Und wer weiß schon von vorne-herein, was wir lernen wollen?

Die Antwort darauf sehen wir an unseren ver-gangenen, beendeten Beziehungen. Hier liegen die Schlüssel zum Glück, wenn wir genügend Wagemut an den Tag legen, auch wirklich hinzusehen. Nicht vergessen, sondern genau betrachten. Sonst holen uns womöglich die ungelösten Probleme in der neu-en Beziehung wieder ein. Sicherlich.

Wer wundert sich dann wirklich noch, wenn das Resultat das Gleiche ist, weil die inneren Umstände die gleichen geblieben sind wie davor? Wie soll es denn andere, bessere Ergebnisse geben, wenn nicht gelernt wurde, die Perspektiven zu wechseln, die Verhaltensweisen zu verändern, die unerkannten und daher auch unausgesprochenen Erwartungen aufzulösen.

Manchmal ist der Weg, den wir in einer Bezie-hung gehen, ganz einfach und leicht, manchmal ist er so kompliziert und schwierig, dass es uns fast aus den Schuhen wirft.

Wien. 11. Juli 2010.

Alle diese Tage, diese Wochen waren also tatsächlich vergangen. Ich hatte es geschafft, meine Leidenschaft zu zügeln, meine Geduld zu nähren und die Zeit zu nützen, viel an meinen Büchern zu schreiben und viel über mich selbst und andere nachzudenken. Ich hatte gepackt und war zum Flugplatz gefahren in diesem wunderbaren Gefühl, dass ich in mein Glück fliegen würde. Seit ein paar Tagen war ich mittlerweile in Wien und hatte meine Zeit genützt, um meine Freundinnen und Freunde zu treffen und meine Wohnung sauber und gemütlich zu machen.

Ich war voll Vorfreude und in leiser Aufgeregtheit, über diese herrliche Zeit, die nun beginnen würde. Gemeinsam mit ihm, dem Mann meiner Träume.

Als Tom mir einen Tag vor seiner erwarteten Ankunft mitteilte, dass er den Flug verschieben musste und erst am 14.7. kommen konnte, brach bei mir kurzfristig ein altes Muster auf. Ich musste mein Vertrauen in mich selbst erst suchen, damit ich wieder Vertrauen in meinen zukünftigen Mann aufbauen konnte. Hatte er nicht von 10.-20.7. gesprochen, und hatte ich nicht damit gekämpft, darauf zu vertrauen, dass er wirklich diese Tage meinte und nicht irgendwelche anderen? War nicht genau das eingetreten, was ich befürchtet hatte? Nämlich dass er nicht an diesem zehnten kommen würde, sondern später??

Ja, tatsächlich. Es war genauso geschehen, wie ich es befürchtet hatte. Die Erklärung dazu war, dass der Event hatte verschoben werden müssen. Und erst nachdem diese so wichtige Veranstaltung gut über die Bühne gegangen war, könnte er dann endlich zu mir fliegen. Ich suchte Erklärungen, die mich beruhigten und begann Vermutungen darüber anzustellen, dass wichtige geladene Gäste Terminkollisionen hätten, auf die Rücksicht zu nehmen wäre. So konnte Tom seinen geplanten Abflug nicht antreten, musste umbuchen, und es gab den nächsten möglichen Flug scheinbar erst am 14. Ganz zufrieden war ich mit dieser von mir ausgedachten Erklärung nicht, aber es blieb mir nichts anderes übrig, als mich mit der Terminverschiebung abzufinden.

Und was machte ich nun? Ich, die so ungeduldig die fünfzig Tage gezählt hatte, musste nun weitere viereinhalb in Kauf nehmen. Eine gute Schule? Eine Prüfung des Universums?

Wie gehe ich mit der Situation um, die mich momentan aus dem Rahmen wirft? Wie nehme ich die neue Nachricht auf, und wie schnell komme ich wieder zu mir, nachdem ich den ersten Schock und die Enttäuschung überwunden habe? Wie bringe ich mich selbst wieder in den Zustand der Gelassenheit, des Ge-Lassen-Seins? Hui, schwierige Prüfungen.

Ich gebe zu, es hatte mich auf dem linken Fuß erwischt, obwohl ich schon eine dunkle Ahnung in mir getragen hatte, dass irgendetwas anders als geplant verlaufen würde. Tom hatte mir bis zwei Tage vor dem gedachten Ankunftstag keine detaillierten Daten über seinen Flug geschickt. Ich war unruhig, weil ich mich noch genauer darauf einstellen wollte, wann ich zum Flughafen fahren würde. Ich wollte sie minutiös planen – meine Vorfreude. Aber da machte das Universum mir einen Strich durch die Rechnung. Vermutlich hatte ich zu eng gedacht. War zu sehr fixiert auf dieses Treffen, auf diesen einen Moment.

Denn nachdem ich seine E-Mail bekommen hatte und eine SMS, worin noch einmal die Ankunft mit 14.7. 4:00 p.m. bestätigt wurde, begann ich erst einmal zu weinen. Ich war völlig außer mir, so überrascht im Schmerz, so unerwartet getroffen. Unvorbereitet, und doch hatte ich etwas davon geahnt. Nichtsdestotrotz: Es warf mich völlig um. Ich konnte nicht zu schluchzen aufhören, obwohl ich mich mit allen mir zur Verfügung stehenden Mitteln zur Ruhe rief. Ich war so enttäuscht und todtraurig. Und ich erfasste gleichzeitig, dass ich dieses Gefühl unglaublich gut kannte. Diese Situation war mir absolut bekannt und vertraut. Vertraut und gleichzeitig verhasst. Dieses alte Muster der hilflosen Traurigkeit, der Enttäuschung und des tiefen Schmerzes hatte ich in all den Jahren zuvor so oft erlebt, dass ich es schon fast „kultiviert" nennen könnte. Es hatte eine gewisse Kultur bekommen, traurig und enttäuscht zu sein. Ja, so könnte ich es durchaus bezeichnen.

Nun aber glaubte ich doch schon seit einiger Zeit, dass ich dieses Muster endgültig abgelegt gehabt hätte. Aber, wie ohne große Anstrengung festzustellen war, gab es da durchaus noch Reste, Teile dieses langgelebten Leides, wie einzelne Teigpatzen, die sich zusammen tun konnten und noch einmal versuchten, einen ordentlichen Laib „Trauerbrot" herzustellen. Allerdings schaffte ich es diesmal, den Ofen kalt zu lassen, nicht anzuheizen. und so wurde das „Brot" nicht gebacken.

Mit einiger Bewusstseinsanstrengung konnte ich als Beobachterin aus dieser Rolle des Opfers, das sich um ein paar glückliche Tage betrogen fühlte, heraussteigen und erkennen, dass ich es in der Hand hatte, mir trotz der Terminverschiebung, trotz der verkürzten Zeit, die ich nun mit Tom haben würde, ein paar schöne, glückliche Tage auch alleine zu machen. Und ich versprach mir gleichzeitig, die Tage, die uns für dieses Mal blieben, besonders wach und bewusst zu leben.

Während der letzten Wochen war unsere seelisch/geistige Verbindung immer enger und klarer geworden. Ich fühlte ihn um mich herum, präsent wie von dem Tag an, als wir uns zum ersten Mal gesehen hatten. Nur diesmal gab es eine wesentliche Änderung. Ich war innerlich frei, ihm entgegenzugehen. Ich war frei, ihm meine Hand zu reichen. Ich hatte mir selbst die Erlaubnis gegeben, ihn zu lieben und mit ihm zu leben.

Welche herrliche Zeit lag vor uns, miteinander zu sein, glücklich gemeinsam zu lieben, zu leben, zu denken, zu fühlen, zu gestalten und zu kreieren, zu arbeiten und zu präsentieren. Welche Möglichkeiten hatten wir gemeinsam, als Paar, das in aller Liebe war, das alle Energien unvoreingenommen und offen aufnehmen und damit etwas Neues schaffen konnte, das möglicherweise für andere auch Vorbildwirkung hatte; welche Chancen lagen in dieser Beziehung! Oh, ich war so erfüllt von froher Erwartung.

Wien. 15. Juli 2010.

Voll Vorfreude fuhr ich gestern mit dem Flughafenbus zum Flughafen, um Tom abzuholen. Unsere letzte E-Mailkonversation stand ganz unter dem Zeichen der fröhlichen Erwartung. Nachdem das Flugzeug am frühen Nachmittag ankommen sollte und das mit meinen Plänen für diesen Vormittag wunderbar zusammenpasste, versprach ich, ihn vom Flughafen abzuholen.

Pünktlich auf die Minute stand ich dann in der Ankunftshalle des Flughafens. Der Flug aus M. war überpünktlich, er kam sogar acht Minuten früher. Ich wartete mit relativ wenigen anderen Personen vor dem Ausgang.

Es waren nur einzelne Reisende, die da herauströpfelten, und ich spürte, wie meine Nervosität langsam in mir hochkroch. Um mir die Zeit zu vertreiben, versuchte ich mir verschiedenen Szenarien vorzustellen, wie wir uns nach fünf Jahren wohl begrüßen würden. Wie zwei Fremde, die vorsichtig aufeinander zu gehen? Nein, nach unseren vielen, sehr intensiven E-Mails und SMS konnten wir so gar nicht mehr reagieren. Vielleicht wie zwei Ertrinkende, die endlich Land gefunden haben und sich um den Hals fallen und küssen, küssen, wie schon lange nicht mehr?

Das wäre schon eine praktikablere Variante, dachte ich. Aber ganz richtig fühlte es sich auch nicht an.

Vielleicht einfach eine innige Umarmung, ein Sich Halten, Sich Drücken, damit wir uns endlich spüren? Ja, das wollte schon besser passen. Dann wiederum frage ich mich, ob ich ihn denn überhaupt erkennen würde. Verändert sich ein Mensch in ein paar Jahren so sehr? Aber habe ich nicht seine Fotos gesehen? Natürlich würde ich ihn erkennen, beruhigte ich mich wieder.

In diesem Moment kam Tom auch schon schwungvoll durch das automatische Tor. Er sah in eine völlig andere Richtung und marschierte zielstrebig weiter. Ich setzte mich in Bewegung, um ihn an der Absperrung zu treffen. Da erkannte ich, dass er auf einen weißhaarigen Mann zu steuerte und ihm schon ein paar Begrüßungsworte zurief, bevor er sich um neunzig Grad drehte, um die Absperrung zu umgehen. In dem Moment, als er diesem Mann, sichtlich ein guter Freund, die Hand reichte, sah er über dessen Schulter zu mir herüber. Wir hatten plötzlich Blickkontakt. Tom erstarrte kurz und sah mich verwundert an. Das Erste, das ich von ihm zu hören bekam, war: „Ich hatte nicht gedacht, dass Du mich abholen kommen würdest."

Er rief mir diesen Satz über die Schulter seines Freundes zu.

Dieser war ebenso überrascht wie ich und reagierte kurzentschlossen. Er trat einen Schritt zurück, während er unsere seltsame Situation intuitiv erfasste und ließ mir damit mehr Raum, näher zu kommen. Tom nahm ganz kurz meine Hand. Nahm er sie wirklich? Er sah mich mit einem bewundernden und zärtlichen Blick an, ließ seine Augen kurz meinen Körper entlang gleiten und meinte zu mir – oder zu sich selbst: „So hübsch!"

Dann stellte er mich sofort seinem Freund vor, und ich war so überrumpelt von der unerwarteten Situation, dass ich nur einen Satz meiner inneren Stimme verstand: „Contenance! Haltung bewahren!"

Also funktionierte ich wie eine aufgezogene Puppe, ich spulte das höfliche Begrüßungsritual ab, zog mich aber innerlich in mich zurück wie ein Krebs. Das Durcheinander meiner Gefühle und Gedanken lässt sich kaum beschreiben.

Was wurde hier gespielt?

Kam er nicht meinetwegen nach Wien, wollten wir nicht gemeinsame Tage verbringen?

Hatte er nicht geschrieben, wenn er mit mir zusammen wäre, wolle er sich nur auf mich fokussieren, und auf sonst nichts anderes?

Jetzt sah das ganz anders aus. Was war da falsch im Programm?

Ich blickte ihn an und einen flüchtigen Moment lang hörte ich eine Stimme zwei irrsinnige Sätze laut aussprechen: „Was, wenn das alles nicht wahr ist, was ich mir da vorgestellt habe. Was, wenn das alles nicht stimmt?"

Ich wurde vorgestellt. Und es war interessant, wie Tom unsere „offizielle Geschichte" erzählte.

Dass wir uns vor sieben Jahren in M. kennengelernt hatten, weil ich mit meinem damaligen Mann, einem potentiellen Geschäftspartner, zum „Ball" mitgekommen war.

Dass ich mittlerweile geschieden sei, und dass wir uns vor ein paar Monaten per E-Mail wieder begonnen hatten, miteinander zu unterhalten.

Rein platonisch. Natürlich.

Und dass wir uns heute zum ersten Mal nach diesen sieben Jahren wieder sehen würden. Ja. Genauso war das. Aber warum plötzlich mit diesen seltsamen Gefühlen?

„Bist du mit dem Auto da?", fragte er mich.

„Nein, mit dem Flughafenbus." Mein Auto hatte ich doch schon vor Jahren verkauft, als ich nach Ägypten übersiedelt war.

„Nun, wie kommst du denn nun heim?"

Wie bitte? Wie komme ICH heim? Was hatte er vor? Konnte er nicht seinem Freund erklären, dass wir nun gemeinsam zu mir nach Hause fahren würden und sich bei ihm für die nette, aber unnötige Begrüßung bedanken?

„Ich nehme wieder den Bus ... oder den Zug ... oder die Schnellbahn, irgendwie komme ich schon wieder heim", rutschte es aus mir heraus. Ich versuchte schneller zu denken, schneller zu Entscheidungen zu kommen, die Situation richtig einzuschätzen, meine Überraschung und Betroffenheit zu überspielen. Alles gleichzeitig und völlig ohne Trapez. Ich wollte nur weg, weg, so schnell wie möglich.

In meiner Verwirrtheit jedoch ließ ich mich tatsächlich überreden, mit ihnen in die Parkgarage zu gehen. Sie würden mich nach Hause bringen und dann weiter zu ihrer wichtigen Besprechung fahren.

Was war an dieser Besprechung so wichtig? Warum konnten wir nicht miteinander kurz reden? Warum war da dieser extreme Abstand? Warum hetzte er so hinter seinem Freund her und konnte nicht einen Moment stehen bleiben und mich ansehen?

„Eigentlich wollte ich ja schon am 11. kommen", erzählte er, „aber dann musste ich den Flug verlegen und am 13. wollte ich nicht fliegen ...“

„Warum nicht?", fragte sein Freund.

„Schlechtes Omen!", tönte es wie eine Tonbandstimme neben mir. Ich blickte ihn an. Was hörte ich da? Ich schüttelte meinen Kopf unwillkürlich. Was war da alles falsch? Wieso geht er so komisch?

Tom lief tatsächlich wie ein Roboter neben mir. Genauso fühlte ich mich auch und noch viel schrecklicher. Wie eine Maschine. Er versuchte mir zu erklären, dass er nie geglaubt hatte, dass ich zum Flughafen kommen würde, und er hätte mir doch einen Tag zuvor eine E-Mail geschrieben, mit den Worten, er rufe mich später an.

Ja, richtig. Diese letzte E-Mail von ihm war mir so kryptisch erschienen, dass ich für mich beschlossen hatte, er hätte sie wohl jemandem anderen schicken wollen. Darin stand, er wäre am nächsten Tag in Wien und würde später anrufen. Und: „Vielen Dank für die Unterstützung ..."

Ich hatte es am Abend nicht verstanden und in diesem Moment am Flughafen verstand ich es immer noch nicht.

Beim Aussteigen aus dem Lift im Parkhaus spürte ich, dass er mir von hinten einen Kuss auf meine nackte Schulter drückte. Es war sehr heiß an diesem Tag, und ich hatte ein ärmelloses Shirt an. Ich drehte mich um und sah sein freundlich lächelndes Gesicht. Was in aller Welt war los?

Den langen Weg zum Auto des Freundes versuchte er sich immer wieder zu erklären. Aber es gelang nur halb. Denn ich konnte nicht wirklich folgen. Er entschuldigte sich, er bat mich, geduldig zu sein, er flehte mich an, ihm zu vertrauen, ihn zu verstehen.

Nein, ich konnte nicht verstehen. Wollten wir nicht zusammen sein in diesen Tagen, hab ich das alles falsch verstanden? Wie konnte das alles so völlig anders verlaufen?

Ich drehte mein Gesicht weg, damit er nicht meine schreckliche Enttäuschung darauf sah; ich war kurz davor, in Tränen auszubrechen.

Contenance, dachte ich, bleib bloß ruhig.

Ich wollte nicht zeigen, wie sehr mich diese Situation traf, wie mir der Boden unter den Füßen gerade weggezogen wurde, und ich mir nicht zu helfen wusste. Vielleicht hätte ich ein Szene machen sollen, lautstark eine Antwort fordern, ihn an den Ohren nehmen und schütteln? Aber ich war wie versteinert. Ich spielte eine Rolle, die Rolle der ruhigen, verständnisvollen Frau, die mit jeder noch so ungewöhnlichen Situation umgehen konnte. Warum nur? Ich war im Schock.

Als wir endlich beim Auto ankamen, meinte sein Freund, wir könnten doch gemeinsam nach D. fahren, wo er wohnte, einer Kleinstadt etwas außerhalb von Wien. Ich könnte im Garten sitzen, während sie ihre Geschäftsbesprechung hielten.

„Nein, dann können wir nicht arbeiten, und wir haben so viele persönliche Dinge zu besprechen!", war Toms abwehrende Antwort.

Ich fühlte mich gleich noch mehr ausgeschlossen, als ich es ohnehin bereits erlebt hatte. Alles in mir war verdreht und verworren. Ich wollte nur mehr so schnell wie möglich aus dieser unmöglichen Situation heraus.

Tom erklärte, dass er einen ganz wichtigen Termin mit diesem Freund hatte, es ging um die Besprechung gemeinsamer Seminare, und er sich dann im Anschluss bei mir melden würde.

Mir blieb keine Minute, um alleine mit ihm zu sprechen. Ich war so im Schock, dass es mir auch nicht einfiel, einfach diese Minute oder mehr zu verlangen. Ich war immerhin 3000 km nach Wien gekommen, um ihn zu treffen, und jetzt ließ ich mich so einfach beiseiteschieben. Es war einfach schrecklich. Unerträglich.

Diese Situation triggerte plötzlich alte seelische Verletzungen. Meine ganze Kindheit kam hoch. Das Gefühl, nicht erwünscht zu sein, am besten so schnell wie möglich zu verschwinden. Man wollte nicht mit mir zusammen, nicht gemeinsam sein.

Andere alten Muster kamen hoch; alle alten, schon vergangen geglaubten Gefühle mit. Ich war tief verletzt, starr vor Schreck und völlig überfordert. Ich saß im Auto am Rücksitz und versuchte, mich normal zu verhalten. Aber was war normal in so einer Situation? Mein Frust und meine Pein standen mir wohl ins Gesicht geschrieben, und ich wandte mich immer wieder ab, weil ich nicht wollte, dass es so offensichtlich zu lesen war.

Tom griff von seinem Sitz aus nach hinten, suchte nach meiner Hand und hielt sie, drückte sie fest und hielt sie noch ein wenig länger. Ich konnte den Druck nicht einmal erwidern. Alles war wie tot in mir.

Hätte ich authentisch gehandelt, hätte ich mich auf ihn geworfen und ihn einerseits in aller Liebe gedrückt, bis ihm die Luft ausging und andererseits geschlagen vor Zorn und Wut und Hilflosigkeit.

Während der langen Fahrt zu mir nach Hause hatte ich dann Zeit, mich wieder in ein „normales" soziales Wesen zu verwandeln, das mit den beiden sprechen konnte, ohne zu schluchzen.

Ich war wieder die angepasste, höfliche, sozial verträgliche Frau, die mitspielte, obwohl sie diese Spielregeln nicht wollte, und es daher für die anderen leichter, für sich selbst aber noch schwerer machte.

Wir führten die seichte Konversation, wie sie unter Fremden üblich ist. Wo und wie man wohnte, wie die hochsommerliche Wetterlage der letzten Tage am besten zu ertragen war und ähnlich Belangloses. Als wir durch den typischen Stau des Nachmittags nach langer Fahrt endlich ankamen, stieg ich schnell aus.

Ich wollte wenigstens einen Moment mit Tom sprechen, draußen neben dem Auto.

Tom öffnete den Kofferraum, um mir ein „Geschenk" zu übergeben – ausgerechnet eine Flasche mitgebrachten Weines. Meine Worte an ihn verhallten ungehört. Er war zwar sichtlich bedrückt, aber bemühte sich, darüber hinweg zu spielen.

Als ich die seltsame Weinflasche überrascht in meinen Händen hielt, nahm er mein Gesicht in beide

Hände und küsste mich auf die Stirne und auf beide Wangen. Liebevoll, zärtlich und respektvoll. Er würde mich anrufen, sobald sie mit ihrem Meeting fertig seien.

„Gib acht wegen der Sonne!", meinte er noch mit einem Blick auf den wolkenlosen blauen Himmel und stieg ins Auto ein.

„Die Sonne? Ich bin doch Sonne gewohnt ..." Ich wollte ihm doch ganz etwas anderes sagen, wie zum Beispiel: „Abends kommst du dann zu mir ...", der leise Zweifel in meinen Worten fand sehr wohl seinen Weg in mein Bewusstsein. Das jedoch hatte er vermutlich schon gar nicht mehr gehört.

Ich drehte mich um und ging. Ging nach Hause und sah nicht mehr zurück und hatte dieses schreckliche Gefühl in der Brust, dass ich eigentlich vor Schmerzen schreien wollte und zerspringen, weil es so wehtat.

Ich weinte meine Enttäuschung erst einmal heraus. Ich war verstört und irritiert. Ich kannte mich nicht aus und wollte doch das Beste denken, hoffen, glauben. Ich verstand nicht, was geschah. Aber ich wollte es durch Grübelei nicht noch verschlimmern.

Aber das war für diesen Tag noch nicht alles.

Ich versprach mir selbst, das Dienlichste aus diesem Abend zu machen und gab Tom bis 22.00 Uhr Zeit. Viel länger dachte ich, würden die beiden nicht arbeiten. Ich las und hörte Musik und döste vor mich hin. Als nach 23.00 Uhr noch kein Anruf von ihm kam, wurde ich nervös. Und knapp vor 24.00 Uhr schrieb ich ihm dann endlich eine SMS mit folgendem Text:

„Ich möchte dich noch heute sehen, egal wie spät es ist."

Die Antwort kam umgehend: Ein blinkender Cursor in leeren Zeilen. Großes Fragezeichen in meinem Herzen. Was sollte das denn bedeuten?

Natürlich fragte ich nach. Aber auf meine zweite SMS kam gar nichts mehr. Ich fiel prompt wieder in ein altes Muster. Statt ihn anzurufen, begann ich zu fantasieren, warum er mir nicht antwortete. War die Arbeit so viel wichtiger als unser Beisammensein? Vielleicht war er schon so müde und schlief bei seinem Freund im Haus? Andererseits quälte mich der Gedanke, er könnte vielleicht ein gesundheitliches Problem haben und war nicht mehr fähig, mir eine SMS zu schreiben. Vielleicht ging es ihm schlecht? Aber diese Idee fand ich dann doch wieder etwas zu weit hergeholt.

Ich zwang mich zur Ruhe und ins Bett. Diese Nacht war eine der wenigen, die ich in letzter Zeit in absoluter Unruhe verbracht hatte. Ich wälzte mich hin und her. Er fehlte mir so sehr. Die lange Wartezeit auf diesen Abend, das langversprochene Zusammenkommen, das tapfere Ausharren in der Warteposition – Ich wollte die Früchte meiner „Arbeit" endlich ernten. Ich wollte ihn bei mir haben. Mit ihm sprechen, ihn ansehen, ihn angreifen. So aber bleib alles virtuell wie zuvor. Ich konnte ihn um mich herum sehen, seine Augen sehen, sein Gesicht. Ich fühlte ihn nahe, aber körperlich vermisste ich ihn. Am Morgen endlich kann ich schlafen, ich träume von uns beiden.

Wien. 16.Juli 2010 - Mein Traum 2.

Tom schickt mir zahlreiche Geschenke, ich möge mir alles nehmen, was ich wolle. Ich kann mich nicht entschließen. Es sind so viele große Dinge dabei, von denen ich kaum glauben kann, dass sie tatsächlich von ihm sind. Ich vermute, sie wären aus seinem Büro, gehören möglicherweise gar nicht ihm. Es ist mir auch unangenehm, dass seine Büroangestellten sehen, dass er mir das alles geschickt hat. Ich vertraue ihm nicht. Da kommt er geradewegs auf mich zu, versichert mir, dass ich alles nehmen kann. Es ist alles in Ordnung. Wir schauen uns lange in die Augen, und obwohl wir gerade beim Essen sind, beginnen wir uns zu küssen, zuerst nur zärtlich und vorsichtig und dann immer wilder.

Wir essen dabei voneinander. Dabei sind ein oder zwei kleine Bröckchen Essen wirklich dabei, die wir lachend aus dem Mund nehmen. Plötzlich spüre ich etwas Hartes, Metallenes in meinem Mund. Ich sehe es mit meinem inneren Auge. Es ist eine Art Metallplatte, die relativ groß und leicht gewölbt ist, ein paar Gruben sind auf der Unterfläche. Ich nehme sie zwischen die Finger und frage, was das denn sei. Tom ist entsetzt:

„Die ist von mir, das haben sie mir eingebaut, das ist für mich lebenswichtig."

Ich nehme sie ganz vorsichtig in die Hand. Es verwandelt sich von einer Platte in einen Gegenstand mit dünnen Metallfäden. Ausgehend von einem Stückchen festen Metalls ziehen fünf Fäden nach unten und scheinen wie eine Stabilisierung von Blutgefäßen zu sein oder wie Nervenbahnen.

„Deshalb werden wir sehr sorgsam damit umgehen, bis sie es wieder einsetzen können", meinte ich. Dann wachte ich auf.

Ich war entsetzt. Sollte das ein Zeichen sein, dass es ihm nicht gut geht? Dass er ein akutes Problem hat mit seinem Herzen oder seinem Gehirn? Waren das Symbole für Shunts, die im Herzen eingesetzt waren oder Blutgefäße des Gehirns symbolisch erweitern sollten? Hatte er eine Herzattacke oder einen Schlaganfall?

Meine medizinische Ausbildung ließ mich in die Höhe schrecken. Ich war im Zwiespalt. Einerseits sorgte ich mich schon die ganze Nacht, ob ihm etwas zugestoßen war. Andererseits wollte ich nicht aufdringlich sein. Denn seine Signale, so wie ich sie interpretiert hatte, hießen:

„Lass mich jetzt in Ruhe, sobald ich bereit bin, melde ich mich." Wie sollte ich nun damit umgehen?

Ich rief ihn an. Aber niemand hob ab.

Ich schickte eine SMS.

„Ist alles OK bei dir? Ich kann Dich nicht erreichen."

Keine Antwort.

Ich stand Kopf. Nun hatte ich wirklich Angst. Ich zitterte am ganzen Körper und begann zu weinen. Was, wenn ihm etwas zugestoßen war, und ich schlug nicht rechtzeitig Alarm? Was aber, wenn er sich tatsächlich einfach nur ausschlief?

Ich wollte nicht als hysterische Person herumlaufen, die unnötig Alarm gab, aber ich hielt diesen ungewissen Zustand auch nicht aus.

Schon den ganzen Abend und die ganze Nacht hatte ich alle meine Möglichkeiten angewendet, ruhig zu bleiben. Ich hatte mich bemüht mit Atemtechniken und mit Meditation, bei mir, in meiner eigenen Energie zu bleiben und nicht „auszuflippen".

Das wendete ich nun wieder an. Nach einigen bewussten Atemzügen in mein Herz hinein und aus dem Solarplexus heraus, konnte ich klarer denken. So suchte ich nach der Telefonnummer seines Freundes im Internet. Dort fand ich nichts. Kein Telefonbuch gab eine Nummer frei. Ich bemühte mich nach Herzenskräften, ruhig zu bleiben und klar zu überlegen. Da fiel mir ein, dass ich eine Einladung von Tom geschickt bekommen hatte zu einem Treffen im Herbst, von seinem Freund unterzeichnet. Und siehe da, hier fand sich auch die gesuchte Festnetznummer.

Ich rief an und erreichte die Ehefrau des Freundes. Nach einer kurzen Vorstellung erklärte ich ihr meine Sorge und bat sie um Hilfe. Sie erzählte mir, dass Tom am Abend etwas nach 22.00 Uhr nach Wien gefahren wäre.

Jetzt wurde ich noch konfuser.

Aber sie versprach mir, ihren Mann anzurufen, der ebenso versuchen würde herauszufinden, was los war.

Das half mir ein wenig. Und tatsächlich erfuhr ich dreißig Minuten später, dass Tom jetzt erreichbar wäre, und er ziemlich verschlafen geklungen habe. Sein Handy war gestört gewesen, er könne damit nur SMS und Anrufe empfangen, es aber nicht aktiv verwenden. Es sei sonst alles in Ordnung mit ihm.

Ich war erst einmal erleichtert. Alle meine Ängste durften verschwinden, sich auflösen und gehen …

Dann rief ich ihn an. Diesmal dankte ich dem Universum, dass ich wenigstens seine Stimme hören durfte. Tom erklärte kurz, dass er ein Problem mit dem Handy habe und jetzt bei Leuten sei, die er dazu um Hilfe gebeten hatte. Seltsam, ich hörte keine Geräusche im Hintergrund. Er rufe mich später an.

Ich ließ es wieder zu. Ich machte den gleichen Fehler noch einmal. Ich gab ihm alle Macht, frei über mich und meine Zeit zu verfügen. Wann immer er meinte, es wäre jetzt passend, konnte er mich nun anrufen. Ich begab mich abermals in die Warteposition. Unfreiwillig – freiwillig. Wiederum war ich nicht darauf vorbereitet, dass er so reagieren würde. Erneut schaltete ich nicht sofort und gab nicht selbst vor, was ich von ihm wollte. Konkret wollte. Es war wie verhext.

Was hatte er am Tag zuvor am Flughafen gesagt?

„Sei bitte geduldig! Zum Glück bist du eine Frau. Ein Mann würde das nicht verstehen, aber eine Frau versteht das."

Ich hatte den Kopf geschüttelt, hatte aber kein Wort herausgebracht. Meine Kehle war wie zugeschnürt gewesen. Ich kämpfte mit meinen Tränen. Toms Freund meinte, das wäre vielleicht ein großer Irrtum und hatte besorgt und verständnisvoll zu mir herübergesehen. Aber ich glaube jetzt, dass Tom das überhaupt nicht wahrnahm. Und ich hatte nichts dazu gesagt. Wieder einmal das alte Lied. Ich schwieg, obwohl ich sogar Hilfe von einem Dritten bekam, mich dazu zu äußern. Ich hatte schon wieder eine Gelegenheit versäumt.

Aber wenigstens verspürte ich nun die Erleichterung, dass es ihm zumindest gesundheitlich gut ging und verlor gleichzeitig etwas von der Schwere, die von mir Besitz erfasst hatte, weil unsere kostbaren Tage verrannen, und wir sie nicht gemeinsam nützten. Wir waren in der gleichen Stadt und doch so weit voneinander entfernt.

Ich bat meine Freundin Manuela telefonisch um Rat. Sie riet mir nach langem Zuhören, es möglicherweise von einer ganz anderen Seite her zu sehen.

War es nicht so, dass Tom schon seit sieben Jahren auf mich wartete und sich immer vorgestellt hatte, dass, wenn ich einmal frei wäre, er mich um meine Hand bitten würde. Kann es nicht sein, dass es für ihn nun, da ich ihm seit einigen Wochen grünes Licht gegeben hatte, sich fühlt, als wären wir schon verheiratet? Dass er es zeitlich nicht so erlebt wie ich, wenn wir uns nicht sehen?

Dass es für ihn vielleicht ganz in Ordnung ist, einfach zu wissen, dass ich mit ihm sein will, und er aus dieser Sicherheit in aller Ruhe heraus handeln könnte?

Ja, irgendwas konnte natürlich an dieser Theorie auch dran sein. Immerhin unterschrieb Tom seit Wochen mit „Your Husband", und er behandelte mich wie seine Frau, mit der er selbstverständlich zusammen war, nicht wie jemanden, die er gerade erst kennengelernt hatte. Konnte das der Grund für sein seltsames Verhalten sein? Waren wir schon in so engem Kontakt, dass die Zeit keine Rolle mehr spielte? Im Auto war die Rede darauf gekommen, dass ich noch ein Jahr in Ägypten verbringen würde, wegen eines bestimmten privaten Umstandes.

„Ja, ein Jahr", hatte ich leicht seufzend gemeint. Tom hatte gelacht und gesagt: „Was ist ein Jahr?! Das ist nur ein Jahr, keine zehn Jahre!"

Nichtsdestotrotz schrieb ich ihm eine SMS mit meiner genauen Adresse und wie er mit öffentlichen Verkehrsmittel zu mir käme ... Und auch, dass ich ihn später anrufen werde, falls sein Handy immer noch nicht funktioniere.

„Später" kam nach vier Stunden. Als ich meine Zeit mit Dösen, Lesen und Meditieren verbracht hatte und mir nichts mehr einfiel, was ich noch bei mir ansehen, erkennen und ändern konnte. Da rief ich ihn an. Und wieder eine unglaubliche Situation.

„Hey, was machst du gerade?", seine sanfte Stimme fragte mich freundlich. Ich antwortete, leicht irritiert, mit einem gereizten Unterton: „Was ich gerade mache? Ich denke, ich rufe dich an."

Ich wartete und hörte Stille. Es war nichts da, was mich erkennen ließ, wo er gerade sei oder was er gerade machte. Ich hörte einfach nichts. Dann der bekannte Satz:

"Ich rufe dich später an."

Und da konnte ich mich nicht mehr halten: "Wenn du mich treffen möchtest, dann kommst du nach sechs Uhr zu mir nach Hause!"

„Ich rufe dich später an, ich bin gerade in einem Meeting."

„… ich warte schon zu lange darauf, dass du mich anrufst. So geht das nicht. Du wirst mich später nicht erreichen, wenn du mich treffen willst, dann heute ab 18.00 Uhr, und am besten ist es, wenn du gleich zu mir kommst."

Wieder unterbrach er mich sanft mit dem schon zu oft gehörten Satz. Ich wiederholte mich noch einmal: „Wenn du versuchst mich anzurufen, wirst du mich nicht erreichen", und legte auf, bevor ich es mir noch einmal anhören musste, das für mich mittlerweile leere Versprechen.

Ich war so entsetzlich traurig, und diesmal konnte ich mich nicht mehr halten. Ich ging in den Garten und lief im Kreis und erlaubte mir, endlich zu weinen. Ich wollte einfach weinen, und ich tat es. Es schluchzte nur so aus mir heraus. Alle Traurigkeit, alle Anspannung, alle Enttäuschung, alle alten und neuen Geschichten dazu kamen heraus. Ich weinte zu den Bäumen hin, die mich still und schweigend anhörten. Ich setzte mich mitten in unseren kleinen Fichtenwald und weinte solange, bis ich keinen Schmerz mehr in mir fühlte. Dann saß ich da, stumm, stumpf und fühlte mich halb erleichtert und halb krank.

Fiebrig. Nicht wirklich ruhig. Wie aus einem falschem Traum erwacht, aber in einen anderen, falschen Film hineingerutscht. In meinem Kopf drehten sich Gedanken. Ich verstand einfach nicht, was hier geschah. Ich sah keinen Sinn in all dem. Wieso reagierte Tom so, und warum gab es keine Möglichkeit miteinander zu sprechen? Warum gab es keine Erklärung, keinen Versuch einer solchen? Was lief da schief?

Ich kam auf keinen grünen Zweig, es war, als würde sich mein Gehirn selbständig machen und irgendwelche Gedanken produzieren, mit denen ich nichts anfangen konnte. Nur mit Mühe beruhigte ich mich, aber es war auch so nicht in Ordnung. Der Schmerz in meiner Brust riss an mir, ich bekam fürchterliches Herzstechen, und es krampfte sich alles in mir zusammen. Ich kämpfte mit mir und meinem Verstand. Panik stieg auf. Irgendwann schaffte ich es, mich auf eine Art Gebet zu konzentrieren, und ich sagte mir innerlich ein Mantra immer wieder vor.

„Alles ist in Göttlicher Ordnung. Wenn ich auch nicht verstehen kann, was ich hier erlebe, und was ich daraus lernen soll. Es ist trotzdem alles in bester Göttlicher Ordnung."

Das beruhigte mich nach einiger Zeit. Ich konnte wieder atmen, und der drückende Schmerz in meinem Brustkorb, so als wollte sich mein Herz zusammenziehen wie in einer Umklammerung, ließ langsam nach.

Während meiner gesamten schulischen und universitären Ausbildung hatte ich gelernt, meinen Verstand zu benützen und Ereignisse und Geschehnisse nicht nur gefühlsmäßig, sondern vor allem rational zu beleuchten. Das gelang diesmal nicht. Es war rational einfach nicht nachzuvollziehen. Die beste Erklärung half mir nicht. Ich einigte mich schließlich mit meinem Verstand, dass das Schlimmste, was passieren konnte, war, Tom nie wieder zu sehen. Nicht heute, nicht morgen und auch nicht, bevor ich wieder wegflog nächste Woche, nicht in diesem Herbst und nicht im nächsten Jahr. Nie wieder.

Das wäre also das Schlimmste, was mir geschehen konnte. Ich gebe zu, es klang verrückt, aber auch ein wenig tröstlich. Immerhin hatte ich ihn fünf Jahre nicht gesehen und ganz gut damit leben können. Warum sollte mir das gerade jetzt nicht mehr gelingen?

Dann kamen sofort wieder andere quälende Gedanken. Vielleicht war ich auch einfach falsch eingestellt? Vielleicht sollte ich mich nie wieder mit einem Mann so tief einlassen, denn bisher hatte mir das immer nur meine Kraft geraubt? Ja, diese Lektion hatte ich vor einem halben Jahr verstanden gehabt und dann vergessen? Bisher hatte jedesmal in meinem Leben die Beziehung zu einem Mann, wenn ich sie wirklich tief und innig leben wollte, wenn ich mein Herz so weit öffnete, wie es nur möglich ist, mir scheinbar alle Kraft geraubt. Wie? Die Beziehung hatte mich beraubt? Moment. ICH habe meine Energien verschleudert, verschenkt, vergeben, es kam nie ein Austausch, immer nur ein „Mißbrauch" meiner selbst dabei heraus.

Ich mißbrauchte meine Energien selbst, denn ich war es ja auch, die sie so freiwillig hergab. Ich gab diesen, meinen Liebsten, die Macht, mit mir und meiner Energie zu machen, was sie wollten. Ich hatte dafür die Verantwortung. Niemand sonst. Das war mir jetzt schon klar. Immer liegt es an uns selbst, wenn wir uns als Opfer fühlen. Denn wir selbst sind es, die erlauben, wie uns andere behandeln.

Nur, was nützt diese Erkenntnis, wenn dann die weitere Auflösung fehlt? Wie mache ich es richtig? Was muss ich denken und tun, damit ich diese Situation schon erkenne, bevor ich wieder in das alte Muster hineinfalle? Und was muss ich ändern, um aus einer solchen Situation herauszukommen?

Mein Kopf begann zu schmerzen, und ich wollte eigentlich das alles nicht mehr erleben. Nicht mehr leben. Mir wurde plötzlich klar, dass Selbstmord dann möglich ist, wenn man sich todtraurig und gleichzeitig unfähig fühlt, die äußeren Umstände, in denen man lebt, selbstständig zu verändern. Wenn die Kraft fehlt und die Intention einerseits, durch den Schmerz durchzugehen und andrerseits der Glaube, dass es tatsächlich durch uns selbst steuerbar ist, wie wir die Umwelt erleben.

Ich verstand plötzlich, wie Menschen sich mit Drogen vollstopfen können, damit sie ihren Schmerz nicht spüren und diese schreckliche Realität, in der sie ihre momentane Wahrheit erleben, nicht mehr ertragen müssen. Ich erkannte, wie furchtbar es ist, das Gefühl zu haben, von einem anderen Menschen benutzt zu werden. Egal, ob es meine Zeit, meine Kraft, meine Aufmerksamkeit ist, die benutzt wird oder meine Liebe.

Ich verstand aber auch, dass es ein GEFÜHL ist, was nicht unbedingt heißt, dass es REALITÄT ist. Ja, im Augenblick sieht es aus wie real. Aber im Endeffekt weiß man nicht wirklich, ob diese momentane scheinbare Realität in der Tat die einzige Wirklichkeit ist. Gibt es nicht auch noch andere Gefühle, die wir dabei erleben könnten? Müssen es immer die Gefühle sein, die aus der Angst entstehen? Angst, nicht angenommen zu werden, nicht geliebt zu sein, nicht respektiert oder geachtet zu sein? Angst, sich zum Kasperl zu machen, wie wir in Österreich sagen, im Sinne von sich lächerlich zu machen vor anderen Leuten. Was sagen die Freunde, Verwandten dazu, wenn mir das und das zustößt? Wie wichtig diese mir sonst so gleichgültige Reaktion meiner Umgebung plötzlich war.

Ausgerechnet ich, die oft genug für Erstaunen und Überraschung gesorgt hatte mit meinen Lebensentscheidungen, die meist nicht 08/15 waren und bei den durchschnittlich und „normal" lebenden Mitmenschen mit unterschiedlichsten Gefühlen aufgenommen worden waren, ausgerechnet ich kümmerte mich plötzlich darum, was „die Anderen" wohl sagen werden?

Ich muss zugeben, dass ich nicht bereit war, diese Erlebnisse mit anderen zu teilen. Ich war noch nicht soweit, in aller Ruhe zu erzählen,was ich erlebt hatte, was geschehen war. Ich war überhaupt nicht so weit, überhaupt irgendetwas zu beschreiben, was so ganz anders geworden war, als ich es mir all die Wochen davor vorgestellt hatte.

Ich saß in meinem Sessel am Fenster und starrte hinaus in den blauen Himmel. Was war denn jetzt tatsächlich meine Realität? Ich konnte mich genauso gut auch hinsetzen und mich fühlen als mit Tom verheiratet und so, als wäre alles in bester Ordnung. Wenn wir am Morgen gemeinsam gefrühstückt hätten, wäre mir das auch leicht gefallen. Er hatte ein paar Geschäftstermine, mit denen er mich nicht belasten wollte, ich hatte meine Arbeit, die ich in der Zeit erledigte. Wir treffen uns dann, wenn wir beide fertig sind mit unseren Businessangelegenheiten. Könnte ich diese Situation so auch leben? Ja, wenn ich dabei vergäße, dass wir nur noch vier bzw. knapp fünf Tage hatten, die wir gemeinsam verbringen konnten. Dann schon. Dann konnte ich es einfach nehmen. Die Schwere weglassen. Aber warum bekam ich nicht die Gelegenheit zu einem Gespräch mit ihm?

Da war es schon wieder. Warum konnten wir nicht einfach miteinander sprechen? Was war so schwierig, sich einfach zusammen zu setzen und zu reden???

Ich verstand schon wieder nicht.

Dann wieder die innere Stimme, die mich aufforderte: „Nimm es an, es ist alles in Göttlicher Ordnung."

Ich haderte mit mir. Warum soll das Göttliche Ordnung sein, wenn ich ihn nicht sehen kann, obwohl wir es so ausgemacht hatten? Was hindert uns daran, zusammen zu sein, wo wir es so dringend ersehnt hatten? Er wollte immerhin kommen, um mich zu fragen, ob ich ihn heiraten möchte?

Geht das auch, ohne dass man sich trifft? Habe ich vielleicht schon zu schnell signalisiert, dass ich bereit bin? Aber das kann doch nicht sein, dass sich daraus so eine verwirkte Situation basteln lässt?

Es dämmerte mir, dass ich ihn womöglich auch überfordert hatte. Ich bin so schnell in meinen Antworten, in meinem Tun, dass manche Menschen regelrecht zurückschrecken, wenn sie mir begegnen. Ich springe nicht nur in meinen Gedanken schnell umher, sondern auch tatsächlich. Ich reagiere wesentlich schneller, als die meisten gewohnt sind und stoße dadurch immer wieder auf Unverständnis und Rückzug meiner Visàvis. Es erscheint manchen oberflächlich, weil es bei mir nicht so viel Zeit braucht, um nachzudenken und Entscheidungen zu treffen. Möglicherweise ist das Tom auch passiert? Habe ich ihm den Raum genommen, indem ich zu schnell auf ihn zugegangen bin in den letzten Wochen?

Könnte es sein, dass ich ihn tatsächlich verschreckt habe, mit meinem „JA" auf seine Frage, ob er um meine Hand anhalten könne? Wie fühlt sich ein Mann, wenn die Frau, die er liebt, so schnell und plötzlich seinem Werben zustimmt? Macht ihm das zu schaffen?

Während ich so mit mir kämpfte, wurde mir klar, dass ich in einem wunderschönen Garten saß, in dem die Hortensienbüsche groß und rosa blühten, und der Duft der nassen, soeben gespritzten Erde sich mit der milden Luft mischte. Die Sonne war hinter eine dünne Wolkendecke gewichen und die brütende Hitze der Stadt somit wesentlich erträglicher als davor. Manche Insekten brummten um mich herum und suchten die Blüten der Büsche auf. Manche Stechmücke summte an mir entlang und versuchte, den für sie passenden Platz an meiner Haut auszumachen.

Ich atmete tief durch. Das ungewohnte Grün um mich herum, vermischt mit den rosaroten Blüten des Rosenbusches vor mir half mir, wieder ruhiger zu werden. Eine Amsel stimmte sich für ihren Nachmittagsgesang ein.

Und mir fielen Worte von Charlie Chaplin ein, die er zu seinem 70.Geburtstag am 16.4.1959 als Rede gehalten haben soll, die mir auch schon früher einmal geholfen hatten, das Leben besser zu meistern.

„Als ich mich wirklich
selbst zu lieben begann,
konnte ich erkennen,
dass emotionaler Schmerz und Leid
nur Warnung für mich sind,
gegen meine eigene Wahrheit zu leben.
Heute weiß ich, das nennt man
"AUTENTHISCH-SEIN".

Als ich mich wirklich
selbst zu lieben begann,
habe ich verstanden,
wie sehr es jemanden beschämt,
ihm meine Wünsche aufzuzwingen,
obwohl ich wusste, dass weder die Zeit reif,
noch der Mensch dazu bereit war,
auch wenn ich selbst dieser Mensch war.
Heute weiß ich, das nennt man
"SELBSTACHTUNG".

Als ich mich wirklich
selbst zu lieben begann,
habe ich aufgehört,
mich nach einem anderen Leben zu sehnen,
und konnte sehen, dass alles um mich herum
eine Aufforderung zum Wachsen war.
Heute weiß ich, dass nennt man
"REIFE".

Als ich mich wirklich
selbst zu lieben begann,
habe ich verstanden,
dass ich immer und bei jeder Gelegenheit,
zur richtigen Zeit am richtigen Ort bin
und dass alles, was geschieht, richtig ist
- von da konnte ich ruhig sein.
Heute weiß ich,
das nennt sich "SELBSTACHTUNG".

Als ich mich wirklich
selbst zu lieben begann,
habe ich aufgehört,
mich meiner freien Zeit zu berauben
und ich habe aufgehört,
weiter grandiose Projekte
für die Zukunft zu entwerfen.
Heute mache ich nur das,
was mir Spaß und Freude bereitet,
was ich liebe
und mein Herz zum Lachen bringt,
auf meine eigene Art und Weise
und in meinem Tempo.
Heute weiß ich, das nennt man
"EHRLICHKEIT".

Als ich mich wirklich
selbst zu lieben begann,
habe ich mich von allem befreit
was nicht gesund für mich war,
von Speisen, Menschen, Dingen, Situationen
und von Allem, das mich immer wieder hinunterzog,
weg von mir selbst.
Anfangs nannte ich das "GESUNDEN EGOISMUS"
aber heute weiß ich, das ist "SELBSTLIEBE".

Als ich mich wirklich
selbst zu lieben begann,

habe ich aufgehört,
immer Recht haben zu wollen
so habe ich mich weniger geirrt.
Heute habe ich erkannt,
das nennt man "EINFACH-SEIN".

Als ich mich wirklich
selbst zu lieben begann,
habe ich mich geweigert,
weiter in der Vergangenheit zu leben
und mich um meine Zukunft zu sorgen,
jetzt lebe ich nur mehr in diesem Augenblick,
wo ALLES stattfindet.
So lebe ich heute jeden Tag und nenne es
"VOLLKOMMENHEIT".

Als ich mich wirklich
selbst zu lieben begann,
da erkannte ich,
dass mich mein Denken
armselig und krank machen kann,
als ich jedoch meine Herzenskräfte anforderte,
bekam der Verstand einen wichtigen Partner,
diese Verbindung nenne ich heute
"HERZENSWEISHEIT".

Wir brauchen uns nicht weiter
vor Auseinandersetzungen,
Konflikten und Problemen

mit uns selbst und anderen fürchten,
denn sogar Sterne knallen
manchmal aufeinander
und es entstehen neue Welten.
Heute weiß ich,
DAS IST das Leben!"

Ich kann leider nicht behaupten, dass ich in diesem Moment die ganze Wahrheit, die in diesen einfachen Zeilen liegt, wirklich völlig erfasste. Aber es tröstete mich, dass ich nicht allein auf der Welt mit meinen Gedanken und Gefühlen kämpfte, und es war mir eine gewisse Erleichterung, dass andere sichtlich schon Erklärungen gefunden hatten. Und dann fand ich auf meiner Suche nach weiterer Tröstung im Internet folgende Zeilen:

Paulo Coelho: We all need to understand that experience is agony and ecstasy at the same time. Pain and joy are holding hands. And pain is not suffering, but part of the Good Fight we must fight in the name of our dreams.

Auch hier das gleiche Phänomen: ich erfasste mit meinem Herzen – nicht mit dem Verstand – was ich verstehen sollte, und es half mir, ruhiger zu werden.

Aber nach einiger Zeit drängte sich wieder und wieder eine Idee in mein Gehirn, die mich nicht losließ. Was, wenn alles nur ein Irrtum war, und ich vor meiner persönlichen „Meisterprüfung" stand? Einer Prüfung, in der ich beweisen musste, ob ich willens und fähig war, zu mir selbst zu stehen und mich nicht von der Süße einer neuerlichen Liebesbeziehung wegziehen ließ in einen Zustand, der mich von meinem Inneren abschnitt. Was, wenn das alles nur eine von vielen Illusionen wäre, denen ich nicht wieder Glauben schenken durfte?

Mein Gott, ich war so verwirrt, dass ich nicht einmal mehr wusste, wie ich die nächste Stunde verbringen sollte. Ich verstand die Welt nicht mehr und alles, was in den letzten Monaten geschehen war und mir so gut getan hatte, verblasste plötzlich und zurück blieben nur Schatten. Und ich konnte nur mehr Umrisse sehen und keine Details. Keine Farben und kaum mehr Formen. Ich verlor mich in dieser Reise durch die Dunkelheit.

Ich verstand, dass ICH eine Entscheidung zu treffen hatte. Aber wie war die Frage? Was war tatsächlich zu entscheiden. Wovon sollte ich mich scheiden?

Ich rang mit mir und meinem Schicksal. Was sollte ich verstehen, was lernen? Aber meine Augen brannten und der Kopf war leer. Ich konnte mich nicht mehr konzentrieren und wollte am liebsten von dieser Erde verschwinden. Wie sollte ich die Zeit überstehen, bis ich abflog? Sollte jeder Tag bis dahin ein Wartetag ohne Erfüllung sein? Ich hatte noch fünf Tage frei gehalten für meine Zeit mit Tom.

Sollten diese fünf Tage so schrecklich werden wie diese letzten beiden?

Nein. Sollten sie nicht. Aber wie dann?

Gab es denn gar keinen Ausweg? Keinen goldenen Tipp, den ich befolgen konnte? Keine Hilfe, die sich endlich aufmachte, bei mir einzutreffen und mir einen Stupser in die richtige Richtung gab? Ich dachte nach, mit wem ich darüber sprechen könnte. Aber viele, die mir einfielen, hatten schon viel früher ihre Vorbehalte geäußert, ihren Zweifel, ob meine überschwängliche Glücklichkeit sinnvoll sei.

Alle würden mit bedächtigen Gesichtern äußern, dass sie schon vorher gewusst hätten, dass ich mir da etwas vorgemacht habe. Dass es viel besser sei, sich nicht in solche „komische" Geschichten hineinzuwagen. Denn man sehe ja, was dabei herauskomme, nicht wahr?! Und alle würden sich gegenseitig zunicken und sich bestätigt fühlen in ihrer selbstsicheren Starrheit.

Darum also geht es? Dass ich mich diesen Kritikern nicht aussetzen will, die mich immer nur verwundert anstarren, wenn ich vorbei fliege und dankbar sind, wenn es mich dann wieder einmal auf die Nase fallen lässt - das von mir „herausgeforderte" Schicksal? Ist das tatsächlich die Pein, die mich so quält?

Meine Angst vor dem neuerlichen Verletztwerden kam an die Oberfläche. Hatte ich nicht schon vor einiger Zeit so viel damit gearbeitet, dass ich dachte, das Kapitel wäre endlich abgeschlossen? Und doch saß sie eindeutig vor mir und wollte Beachtung geschenkt bekommen.

Angst, verletzt zu werden. Mein Lebensthema. Wie viele Jahre habe ich schon hinter mir, in denen diese Angst mich lenkte und leitete und mein Leben bestimmte? War es denn immer noch nicht genug?

Und ausgerechnet Tom musste mir diese Lektion beibringen? Hatte er nicht schon genug gemacht, indem er so lange gewartet hat? Musste er der Hiobsbotschafter sein, der mir vom ersten Moment an zeigte, dass ich durch diese Passage des Lebens noch nicht durch war?

Wie konnte ich all meine FreundInnen und meine Familie so voreingenommen betrachten, wie kam ich auf die Idee, dass sie sich so und nicht anders – mitfühlend, mich auffangend – verhalten würden? War es nicht auch möglich, Verständnis und Unterstützung von ihnen zu bekommen? Und wenn ich so glücklich war, einen liebevollen Kreis um mich zu haben, wie sah das wohl für Tom aus?

Ich verlor mein Selbstmitleid und begann mich in ihn einzufühlen. Wie fühlte er sich wohl?

Natürlich konnte ich wieder nur fantasieren und interpretieren, aber vielleicht schaffte ich es, aus meinem kleinen EGO-Bewusstsein heraus zu kommen und einen kleinen Schritt weiter zu machen?

Dabei hatte ich diese Tage so gut geplant. Ich hatte vor, einige meiner Termine in Wien abzuarbeiten, und dazwischen konnten wir uns sehen. Oder wenigstens abends. Oder so. Keine Ahnung, was mir da eingefallen ist. Jetzt im

Nachhinein verstehe ich mich selbst nicht. Aber es war alles schon fix eingeteilt. Am Mittwoch mein Freund und Firmenmitinhaber. Am Donnerstag die Botschaft, am Freitag die Firma X.

Und dann sah ich Dich am Flughafen stehen im gleichen Moment, als ich meinen Freund, der mich abholen kam, begrüßen wollte. Unsere Blicke trafen sich, und es war mehr als überraschend. Ich hatte vorgehabt, diesen Nachmittag mit ihm die notwendigen Gespräche zu unseren nächsten gemeinsam zu planenden Seminaren zu führen und wollte Dich dann am Abend besuchen. Hatte ich dir nicht in der letzten E-Mail geschrieben, dass ich Dich anrufen würde, wenn ich in Wien sei? Mir scheint, Du liest deine Mails nicht richtig. Wie auch immer. Wir starrten einander an und ich sah, dass Du sehr überrascht warst und mich gar nicht richtig begrüßen konntest. Stattdessen gabst Du meinem Freund die Hand, der auch völlig überrumpelt von der unerwarteten Situation war. Ich versuchte zu erklären, aber es gelang mir nicht richtig. Keiner von euch beiden glaubte so recht an das, was ich sagte.

Es war mir sehr unangenehm. Ich konnte Dich so gut fühlen, wie erschreckt Du warst, dass ich von jemandem abgeholt wurde und wie Du Dich in deine Schale zurückzogst. Du hattest den Blick von mir weg gerichtet oder zu Boden gesenkt. Ganz selten sahst Du mich an. Aber wenn Du es tatest, sah ich an und in deinen Augen einen furchtbaren Schmerz sitzen. Glaub mir, ich fühlte diesen Schmerz und ich wollte ihn lindern, aber es ergab sich keine Gelegenheit. Ich war so beschäftigt, meinem Freund unsere Situation zu erklären. Es sollte makellos sein.

Dass wir uns vor sieben Jahren zuletzt gesehen hatten und Du damals mit deinem Mann, von dem Du mittlerweile geschieden bist, in meine Heimatstadt kamst. Ich erklärte laut, damit Du unsere gemeinsame Erklärung auch gut verstandst, dass wir uns vor ein paar Monaten per E-Mail wieder verständigt haben und so uns mehr oder weniger zufällig gerade zur selben Zeit hier in Wien befanden. Auf die Frage meines Freundes, der sichtlich deine Gefühle mitbekam, ob wir das Treffen verlegen wollten, verneinte ich vehement.

„Ich bin ja schließlich deinetwegen hier, wir müssen dieses Meeting machen", sagte ich schnell zu meinem Freund und dabei spürte ich, wie Du noch steifer wurdest neben mir. Ja, das war nur halb wahr, aber ich wusste in meiner Verwirrung auch nicht, was ich machen sollte. Mit allen meinen Erklärungen machte ich es nur noch schlimmer. Du wolltest gleich mit dem Bus nach Hause fahren, ich bestand darauf, dass wir Dich mitnehmen würden. Ich hätte es nicht ertragen, wenn ich Dich so plötzlich dann doch nicht mehr gesehen hätte. Sobald wir im Auto saßen, griff ich nach hinten zur dir und suchte deine Hand. Nach einigem Zögern legtest Du sie in meine. Ich fühlte eine kalte, schwache Hand, die meinen langdauernden warmen Druck nicht erwiderte. Ich wusste nicht, was ich tun sollte.

Dann kam sowieso das Wochenende, und wir würden die beiden Tage miteinander verbringen. Nein, ich wusste plötzlich nicht mehr, ob wir diese Tage miteinander verbringen sollten. Ich schob den Gedanken von mir weg. Jetzt bringen wir Dich erst mal nach Hause.

Was Dich so aufbrachte, war mir nicht ganz klar. In all den E-Mails der letzten Wochen waren wir eigentlich bereits verheiratet. Ich sprach Dich als meine Frau an und unterschrieb mit „Dein Ehe-Mann". War nicht sowieso alles schon im Laufen?

Wenn ich es mir jetzt so überlege, frage ich mich, wie ich Dich im Auto bitten konnte, geduldig zu sein und auf meinen Anruf zu warten. Du kamst extra aus Ägypten. Oder?

Hattest Du nicht geschrieben, dass auch deine Töchter in Wien sein werden und Du mit ihnen Zeit verbringen möchtest? So ließ ich dir alle Zeit der Welt. Ich hatte von dir auch die Info, dass Du eine Frau bist, die viel mit sich selbst alleine sein muss, die selbst sehr beschäftigt ist in ihrem Job und dass Du viele FreundInnen in Wien hast, die sich alle freuen, Dich zu treffen. Also, was war das für eine Aufregung, als wir uns nicht gleich treffen konnten?

Dass in der ersten Nacht mein Handy nicht mehr aktiv funktionierte, und ich Dich also nicht anrufen konnte, dafür kann ich nichts. Und dass Du ganz aufgeregt und aufgebracht meinen Freund und dessen Frau ansetztest, mich zu finden, fand ich auch ein wenig übertrieben. Aber gut, Frauen sind nun einmal so. Damit lässt sich leben. Was ich nicht verstand, war, dass Du mich auch am nächsten Tag unter Druck setztest. Du wolltest, dass ich ab 18.00 Uhr zu dir nach Hause komme. Wie sollte ich das tun? Ich war den ganzen Nachmittag und Abend in einer wichtigen Besprechung. Mit nachfolgendem Abendessen. Wie sollte ich da rechtzeitig zu dir kommen?

Ich konnte Dich nur beschwichtigen, indem ich dir mitteilte, dass ich Dich anrufen werde. Du warst so verärgert, dass Du ohne Worte auflegtest. Nein, das stimmt nicht ganz. Du erklärtest noch, dass ich Dich nicht erreichen werde, wenn ich versuchen sollte, Dich anzurufen. Wozu sollte ich es dann versuchen?

So habe ich mir unser Zusammensein nicht vorgestellt. Ich dachte, ich treffe eine fröhliche, übermütige, lustige Frau, mit der ich lachen und mein ohnehin schon schweres Leben erleichtern kann. Was sah ich dann? Eine schwermütige, traurige und fordernde Frau, die mir noch mehr Druck machte, weil sie ständig Informationen und Erklärungen verlangte.

Nichtsdestotrotz sah ich Dich den ganzen Tag vor mir. Deine Präsenz war beeindruckend. Es fiel mir schwer, meine Gedanken beisammen zu halten und nicht einfach zu dir zu laufen. Ich wäre hundertmal lieber mit dir zusammen gewesen, als in diesen trockenen Meetings zu sitzen. Das habe ich sowieso die ganze Zeit. Was habe ich mir bloß gedacht, als ich diese Termine vereinbart hatte?

Ich saß also im Meeting und mir wurde klar, dass ich gerade mein neues Leben dahin ziehen ließ. Das Leben, auf das ich mich sieben Jahre vorbereitet hatte und das zum Greifen nahe vor mir stand. Ich ließ es gehen. Ich ließ sie gehen. Sie war so weit weg, dass ich mich nicht mehr traute, sie anzurufen. Ich hatte ihr geschrieben, dass ich es all die Jahre bereut hatte, damals vor fünf Jahren aufgegeben zu haben, aber mir versprochen hatte, dass ich jetzt mutig sein werde und die Chance, wenn sie sich ergab, nicht mehr loslassen werde, sie nützen werde. Und was tat ich nun? Ich ließ sie verstreichen. Das wird mir nie-

mand glauben, der mich ein bisschen näher kennt und meine Pläne mit ihr gemeinsam verstanden hatte. Ich war zu feige. Ich gebe es zu.

Und da fiel mir auch wieder eine E-Mail ein, die sie mir eine Woche zuvor geschickt hatte.

Sie hatte mir geschrieben, wie sie sich ihren Mann vorstellte. Ich hatte sie schließlich danach gefragt. Ich wollte es einfach wissen. Und dann wusste ich nicht, wie ich damit umgehen sollte. Es war einfach zu viel. Eine lange Liste voll Enthusiasmus, die den Mann ihrer Träume beschrieb. Es gab mir einen Stoß in den Rücken. Und in den Bauch. Mein Selbstbewusstsein vertrug diese Liste nicht. Ich konnte nichts damit anfangen.

„Liebevoll, zärtlich, warmherzig, sinnlich, erotisch, vertrauenswürdig, treu, unvoreingenommen, humorvoll, lacht über meine Witze, kann über sich selbst lachen, intelligent, kongenial, ein Mann der Tat, unterstützend, aufrecht, erfolgreich, finanziell unabhängig, ehrlich …".

Das ging ja gerade noch.

„Er mag Bier und Wein und gutes Essen und Sekt und ist Nichtraucher."

Hier legte sie schon wieder den Finger auf einen wunden Punkt.

Ich bin Raucher und das weiß sie auch. Ich hatte ih-retwegen einmal schlagartig aufgehört damit, weil sie mich darum gebeten hatte. Es war die Hölle für mich, ich war richtig auf Entzug. Aber ich habe es ihr zuliebe getan, ich wollte ihr diese Bitte nicht abschlagen. Natürlich konnte ich diesen Zustand nicht halten. Ich habe wieder zu rauchen begonnen. Und jetzt will sie das noch einmal von mir?

Weiter mit der Liste, die mich mit jeder Zeile mehr irritierte.

„Er ist dankbar für jeden Moment, den wir zusammen sind, er weiß, wie er sich auch an Kleinigkeiten erfreuen kann, er nimmt Probleme als Herausforderung zum persönlichen Wachstum."

Nicht, dass ich das nicht ebenso sehe, aber ich wollte nicht in allen diesen Punkten in einen Wettbewerb gehen. Konnte ich ihr das alles bieten, was sie da so beschrieb?

"Er weiß darum Bescheid, dass wir für alle Dinge, die uns so im Leben passieren, selbst verantwortlich sind – niemand anderer – und übernimmt die volle Verantwortung für sein Leben."

Was meint sie denn damit? Ich trage doch immer die volle Verantwortung.

„Er liebt es, dass ich für ihn sorge, er liebt es, für mich zu sorgen. Er hat großes Vergnügen und Freude an unserem Eheleben, großartige Erotik und Sexualität – erfahren, wie wir sind."

Ich will doch für sie sorgen, natürlich. Warum sollte sie sich um mich sorgen? Und unsere Sexualität, Oh mein Gott, kann sie sich nicht erinnern, wie wir das erlebt habe? Es war purer Stress für mich. Ich war nicht sicher, ob ich sie zufrieden stellen konnte, alle ihre Erwartungen erfüllen. Sie war damals so bedürftig gewesen, so ausgehungert und so verletzlich gleichzeitig. Ich hatte nichts anderes im Sinn gehabt, als ihr alles zu geben, was sie so dringend wollte. Aber ich hatte auch den Eindruck gehabt, dass ich das gar nicht konnte. Dass ich nicht genügen würde. Und jetzt spricht sie das auch noch an.

"Er ist dankbar, für alle guten Dinge die uns Gott – Das Universum – Die Quelle (wie auch immer wir es nennen wollten) sendet, um uns glücklich zu machen."

Hmm, das ist ein Punkt, in dem wir doch übereinstimmen, immerhin waren wir auch zusammen in der Kirche gewesen und haben für uns und unsere Beziehung gebetet. Schön war das damals.

Aber es ging noch weiter. Ich wusste nicht, wie ich das nehmen sollte. Einerseits fand ich es toll, dass sie sich so viel Mühe gemacht hatte, andererseits schreckte es mich ab.

"Wie ich mich mit meinem Mann fühlen möchte:

Völlig in Liebe für einander, wir bewundern und verehren uns gegenseitig, ich bin stolz, wenn ich ihn ansehe, wegen seines Charismas und seines Charmes, der von tief innen kommt.

Ich fühle mich frei, Zeit mit ihm zu verbringen und auch Zeit für mich selbst zu haben, wie und was auch immer wir brauchen. Wir können alles besprechen, was uns bewegt. Wir finden Lösungen für jedes Hindernis, das sich uns in den Weg stellt. Wir arbeiten zusammen in einer sehr leichten und fröhlichen Art und wir teilen unsere Ideale und auch unsere Geheimnisse, um etwas völlig Neues aufzubauen, neue Paradigmen zu kreieren, in unserem Leben, und wir bringen diese auch ins Leben anderer Menschen.

Open book policy – Offene Bücher, offene Herzen … Wir können über ALLES sprechen."

Langsam wurde mir das alles unheimlich. Ich begann mich unsicher zu fühlen, so, als wäre ich plötzlich mit mir selbst in Konflikt. Wie konnte sie über so viele unterschiedliche Dinge nachdenken und Bescheid wissen.

„Und wir können ruhig und schweigend zusammen sein und uns einfach über unsere Augen verstehen und das ‚Energetische Feld', das zwischen uns hin und her fließt.

Ich möchte ihn umarmen und Liebe mit ihm machen und in seinen Armen liegen, seinen Herzschlag spüren, sein Herz, das nur für mich schlägt, so wie meines nur für ihn.

Und sollte es jemals etwas geben, worüber wir zu weinen hätten, werden wir zusammen weinen und uns gegenseitig die Unterstützung geben, die der/die andere braucht ... und dann wieder lachen.

Und wir dienen uns gegenseitig als Spiegel, etwas was wir unser Leben lang machen werden."

Das war einfach viel zu viel. Das konnte ich nicht alles bringen, nicht auf einmal und schon gar nicht jetzt gleich.

Ich begann eine Enge in meiner Kehle zu fühlen. So als griff jemand mir mit fester Hand an meinen Hals und drückte zu. Die ganze Situation entglitt mir. Sie erinnerte mich an die wenigen Tage, die wir gemeinsam 2005 verbracht hatten. Fünf Tage im Paradies und gleichzeitig fünf Tage im Fegefeuer. Ich büßte für meine Sünden in Synchronizität mit den Stunden des Genusses. Wie froh war ich, dass ich sie dann irgendwann vergessen konnte. Und doch blieb immer ein Rest von ihr in meinem Herzen. Und jetzt? Ich wollte diese Enge beenden. Am besten gleich. Sofort.

Aber ich konnte sie spüren. Ich konnte spüren, dass sie immer noch hoffte, dass ich mich endlich meldete. Ich war hin und hergerissen zwischen meiner Angst, mich bloßzustellen und abgewiesen zu werden und meiner Sehnsucht nach der Frau, die ich inniglich liebte und all die Jahre nicht aus meinem Herzen herausreißen konnte. Was sollte ich bloß machen? Wie sollte ich mich erklären, nachdem ich mich so dämlich benommen hatte? Was konnte ich zu meiner Entschuldigung vorbringen? Ich wusste nicht, wie ich mich verhalten sollte.

Das sinnlose Abendessen überstand ich nur mit Mühe. Ich bekam Kopfschmerzen und sehnte mich nach dem weichen, zarten Körper, den ich gestern gesehen hatte. Ich wollte meinen Kopf in ihren Schoß legen und ihre feinen Hände auf meinen Schläfen fühlen. Ich wollte endlich heimkommen. Dort ankommen, wohin ich mich immer schon gesehnt hatte. Und trotz meiner Sehnsucht kämpfte ich endlos lange mit mir. Zweimal machte ich mich auf den Weg zur Toilette, hatte das Handy schon in der Hand, um sie endlich anzurufen und traute mich dann doch nicht.

Was, wenn sie ihre Drohung wahr machte und meinen Anruf nicht entgegennahm?

Nach einiger Zeit ward mir klar, dass ich wirklich nichts mehr zu verlieren hatte. Wenn sie nicht abhob, war ich am gleichen Stand wie davor. Ohne Verbindung zu ihr.

Aber hob sie ab, konnte ich mich erklären, konnte ihr sagen, dass es mir leid tue, konnte mich entschuldigen und sie fragen, ob ich sie treffen darf. Ja, das war die einzige Chance, die ich noch sah. Ich MUSSTE sie anrufen und zwar so schnell wie möglich.

Trotzdem ließ ich mir noch Zeit. Was sollte ich ihr erklären, was sagen? Ich kam mir selbst schon blöd vor, und dafür hasste ich sie in diesem Moment. Sie zeigte mir meine Unzulänglichkeiten, und das war mir nicht recht. Ich hatte an alles gedacht, alles so gut eingeteilt und organisiert. Sollte ich etwas vergessen haben? Ich konnte mich des Eindruckes nicht verwehren, dass da etwas absolut Wichtiges war, das ich wirklich nicht bedacht hatte. Aber was war das?

Warum musste sie auch so bestimmend sein? War es nicht genug, dass ich den Plan wusste, konnte sie sich nicht einfach anpassen und ein bisschen warten? Waren Frauen immer so fordernd? Ich war schon lange nicht mehr in einer Beziehung gewesen. Ich wollte nicht irgendeine Frau und hatte auch gar nicht nach einer gesucht. Meine letzte langdauernde Beziehung ist zwölf Jahre her. Dann lebte ich gut fünf Jahre alleine, bis ich sie kennenlernte und mir nur mehr vorstellen konnte, wie schön es sein müsse, ihr Mann zu sein. Das war vor fünf Jahren. In der Zwischenzeit kamen ab und zu Frauen vorbei, die ich nicht ernst nahm. Ich fühlte, dass mein Herz schon vergeben war. Ich hatte es ihr geschenkt, und sie wusste nicht einmal davon. Aber ich lebte in all den Jahren in Gedanken mit ihr.

Und vor einigen Monaten begannen wir unseren SMS und E-Mail Kontakt zu forcieren. Sie begann, etwas mehr von sich zu erzählen, und ich spürte die alte Leidenschaft und die lange Liebe immer stärker zwischen uns wachsen. Ich glaube, am Anfang war ihr das gar nicht bewusst. Sie staunte mehr über meine Worte, als sie den Sinn verstand, aber sie gefielen ihr. Das konnte ich ihren Schreiben entnehmen.

Als sie dann im April in Wien war, in ihrer Heimatstadt, begann sie mehr und mehr den Kontakt zu mir zu suchen. Ich erhielt etliche SMS von ihr, die deutlich machten, wie oft sie an mich dachte. Ich war mir nur nicht sicher, ob ich mehr von meinen Gefühlen und Wünschen zeigen durfte. Dass ich sie liebte, hatte ich schon mehrmals geschrieben, aber nie eine direkte Antwort darauf bekommen. Ich wollte aber nicht nachlassen, nicht nachdem sie sich immer öfter meldete. Ich versuchte ihr zu vermitteln, dass es mir ernst sei und sie mir vertrauen könne. Ich bat sie, mir zu glauben. „Vertrau mir, glaub mir", ich weiß nicht, wie oft ich ihr das geschrieben hatte. Mit der Zeit gewann ich tatsächlich ihr Vertrauen. Sie erzählte mir endlich über ihr Leben, dass sie sich von ihrem Mann getrennt hatte und noch auf die Scheidung wartete und meinte, ich könne danach meine Fragen, die ich stellen wollte, an sie richten. Sie schrieb: „I am ready – ich bin bereit."

Ich konnte nicht anders, als ihr postwendend zu schreiben, dass ich dann kommen möchte und sie um ihre Hand bitten, sie fragen möchte, ob sie mich heiraten will.

Ich war so glücklich, als sie mir den Startschuss gab. Das „GO!"

Es kamen sehr warme Gefühle zu mir als Antwort, die mich ermutigten. Trotzdem muss ich zugeben, zwischendurch packte mich ein seltsames Gefühl, fast würde ich es Angst nennen. Es war die Ungewissheit, die darin liegt, sich einem anderen Menschen wirklich zu öffnen, die Zweifel, ob dieser Mensch mich dann vielleicht zu gut kennenlernen könnte. Ich verstand mich selbst nicht, wenn solche Gedanken auftauchten. Der „Warner" war wieder aufgetreten und trieb sein Unwesen. Er brachte mich manchmal zur Verzweiflung. In all den Jahren mit mir alleine und meiner Arbeit verdrängte ich diese Ideen, so gut ich konnte. Aber das Gefühl der Gefahr kam manchmal so vehement, dass es mir die Nackenhaare aufstellte, wenn ich nur daran dachte, dass ich in einer neuen Ehe wirklich wieder gemeinsam wohnen würde. Das bedeutete so vieles an Umstellung, so vieles an Veränderung. Noch dazu mit jemand, den ich gar nicht richtig kannte, möglicherweise nie wirklich kennen werde.

Denn wie sollte man sich denn völlig voreinander öffnen, das stellt dich doch bloß. Ich kam mir so nackt vor, wenn ich daran dachte, dass meine Frau meine Gewohnheiten kennen würde. Alle meine Gewohnheiten! Wie peinlich. Sie würde mich husten hören oder vielleicht die Haare sehen, die begannen, mir aus den Ohren zu wachsen. Mein Friseur meinte zwar, das wäre in meinem Alter völlig normal, aber mir sind sie wirklich peinlich, noch dazu, wenn ich sie nicht einmal sehen kann. Jemand anderer hat mehr Einblicke in meine körperlichen Veränderungen als ich. Unmöglich.

Aber es betraf nicht nur meine körperliche Veränderung, die mir zu schaffen machte. Wenn ich einmal von meinem Bauch absehe, der in letzter Zeit gegen meinen Willen ein Eigenleben entwickelt hatte. Ich war immer sportlich und hatte eine athletische Figur, mit der ich auch sehr zufrieden war. Nach mehreren Jahren relativer Bewegungslosigkeit, wenn man von Schreibtischaktivitäten absieht, vermisse ich meine mir bekannte Figur. Natürlich ließe sich das ändern, ich müsste nur wieder mit irgendeinem Sport beginnen. Warum ich das nicht tue? Das Wetter spielt meist nicht mit. Oder ich finde keine Zeit. Meist bin ich abends auch schon zu müde. Wozu sollte ich mich da noch mit Bewegung quälen? Als ich noch jünger war, verbrachte ich mehr Zeit auf dem Tennisplatz als sonst wo. Aber heute? Mit dem Alter wird man dann doch etwas behäbiger.

Das macht mir aber alles keine Angst, das ist die normale Veränderung des Körpers im Alter. Angst macht mir wirklich nur, dass ein anderer Mensch mich so nahe miterlebt, dass ich mich plötzlich durchschaut fühle. Noch dazu, wenn das die Frau ist, die ich wirklich liebe.

Wie viele Dinge erfährt sie über mich in unserer gemeinsamen Zeit, wie vieles sieht sie, ohne dass ich es kontrollieren kann, und könnte es später einmal ... Was? Nun, könnte es später einmal gegen mich verwenden. Ich bin mir dieser seltsamen Anschauung auch bewusst, die wenigsten Menschen finden das normal, wenn ich so denke. Ich eigentlich auch nicht.

Ich denke auch nicht immer so. Ab und zu kommen diese Ideen. Ich weiß auch, dass dieser Warner in meinem Kopf mich auf diese Ideen erst bringt. Das stört mich auch, aber ich weiß ehrlich gesagt nicht, wie ich das abstellen kann. Gibt es da eine Tablette, die mich nicht mehr so denken lässt?

Ich habe sie auch irgendwann um eventuellen Rat gefragt, aber mich so unklar ausgedrückt dabei, dass sie mich natürlich nicht verstanden hat. Und auf ihr Nachfragen, wo genau ich eine medizinische Intervention bräuchte, da konnte ich dann nicht mehr antworten. Das wäre noch peinlicher geworden. Noch dazu, wo das ja nicht wirklich wichtig ist. Es vergeht doch immer wieder, und ich kann es ganz gut kontrollieren. Ich liebe sie, und wir sind schon praktisch miteinander verheiratet, und es ist ein wunderschönes Leben mit ihr.

Und jetzt war ich in Wien und sie wartete auf mich und ich traute mich nicht, mit ihr zu sprechen, hatte Angst, sie zu treffen und ihr in die Augen zu sehen. Ich weiß nicht, was in mich gefahren war? Ich spürte ihre Verletztheit, ich spürte, wie sehr sie in ihrer Traurigkeit versank. Ich wusste schon, dass sie viel Trauriges erlebt hatte - sowohl in der Beziehung aus der die Kinder stammten, als auch aus der letzten Ehe. Und nun schaffte ich es, ihr nicht nur nicht zu beweisen, dass ich anders bin als Mann, sondern ich verschaffte ihr auch noch eine neue Portion Traurigkeit. Wie stellte ich mich denn bloß an? Den einzigen Menschen, den ich so liebe, die einzige Frau, die ich so sehr als meine Frau begehre und mir wünsche, alle meine Tage und Nächte mit ihr zu verbringen, diese Frau litt, weil ich zu feige war. Ich hatte Angst. Einfach nur Angst.

Schon die Wochen vor meiner Reise zu ihr, kam diese entsetzliche Angst wieder hoch, die ich seit so vielen Jahren in mir warten und wohnen spüre. Sie nimmt mich in ihren Griff, packt mich an der Kehle und im Gehirn. Wenn sie auftaucht aus der Tiefe, kann ich nicht mehr denken, es ist ein so entsetzliches Gefühl, dass ich manchmal lieber sterben würde, als weiter so zu leben. Bis jetzt habe ich es irgendwie geschafft, diese Zeit zu überbrücken und mich nicht gleich umzubringen. In all den Jahren, in denen ich mit dieser Angst lebe, habe ich mir verschiedene Techniken zugelegt, wie ich damit umgehen kann. Am besten ist es, wenn ich arbeiten gehe. Ich ziehe mich zurück in meine Welt der Organisation und des Managements, denn dort erreicht sie mich nicht. Dort bin ich sicher. Solange ich mich um Meetings kümmere und um Events, solange kann mir nichts passieren.

Aber irgendwann kommt dann die Sehnsucht nach einer Frau, nach meiner Frau. Und ich beginne mir vorzustellen, wie schön das wäre, mit ihr zusammen zu sein. Welche Frau ich da meine? Es war erst einmal nur irgendeine. Mit der Zeit bekam sie dann eine Form und Ausdruck, und ich erträumte mir weiter, wie sie sich bewegen würde, wie sie sprechen und mit den Händen gestikuliert dabei. Ich ersann mir ihr Lachen und Ihre Bewegung mit dem Kopf, wenn sie ihn hob, damit ich sie küssen konnte. Ich begann mehr und mehr mit dieser virtuellen Frau zu leben, die sich so in mir eingenistet hat, dass ich das Gefühl bekam, dass sie ganz real sei. Aber sie hatte einen großen Vorteil gegenüber den Frauen, mit denen ich tatsächlich umgeben war. Ich konnte sie einfach wegschicken, wenn die Angst kam. Ich stellte sie in eine meiner inneren Ecken und ließ sie dort warten, bis ich wieder bereit war. Es dauerte manchmal nur Stunden, manchmal aber Wochen und Monate, je nachdem wie stark mich diese Angst vor Nähe in den Griff bekam. Natürlich kämpfte ich dagegen an, aber nach all den Jahren sinnlosen Kampfes war ich soweit, einfach aufzugeben und es als Tatsache zu betrachten, dass ich in meinem Leben nie mit einer lebenden Frau zusammen sein werde.

Lebende Frauen machten mir Angst. Nicht solange sie einfach Arbeitskolleginnen waren, meine Angestellten oder einfach Businessbekannte. Als Partner im Geschäft hatte ich mir Männer gesucht, als Freizeitpartner ebenso. Mit ihnen ging ich ein Bier trinken, Tennis spielen und Ski fahren. Oder manchmal auch golfen. Aber wirkliche Freundinnen hatte ich nie. Höchstens eben als Freundinnen, platonisch. Ja, das gefiel mir. Sie wollten nichts von mir und ich nichts von ihnen. Und falls eine einmal mehr wollte, dann konnte ich mich ganz schnell zurückziehen. Ich war ja bekannt, dass ich keine schnellen Beziehungen suchte. Ich verbreitete den Mythos, dass ich auf „DIE EINE" wartete. Und mit dieser Idee fühlte ich mich auch sehr wohl. Denn wer sagt, dass diese eine Frau jemals in mein Leben treten werde. Sie war ja virtuell. Also konnte sie mir nichts anhaben. Sie konnte nichts tun, was mich verletzte.

Nur, dann kam sie wirklich und real, so wie ich sie mir in meinen schönsten Träumen vorgestellt hatte. Plötzlich stand sie vor mir, und ich fiel hoffnungslos in die Liebe hinein. Ich kämpfte mit mir, aber sie war einfach stärker. Ich versprach mir, mit meiner Panik umgehen zu lernen, die mich ergriff, wenn wir uns ganz nahe waren. Ich spielte erst darüber hinweg, so gut ich konnte, ich verschwand immer wieder aus dem Zimmer, suchte Abstand, verließ zumindest kurzfristig die Wohnung, kehrte in immer länger dauernden Abständen zurück.

Was sie sich damals dachte dabei? Ich wollte es gar nicht wissen, und ich fragte sie auch nie. Wichtig war, dass ich wieder zu mir fand und die schweißtreibende Angst in den Griff bekam. Über die Distanz, die dann zwischen uns lag, verschwand dieses schreckliche Gefühl wieder. Aber schon vor meinem Flug verspürte ich das kalte grauenhafte Gefühl wieder in mir aufsteigen. Und seither kämpfe ich damit.

Ich ging zum dritten Mal zur Toilette. Die Vorspeise war mittlerweile abgeräumt, die Hauptspeise serviert. Mir stand der Sinn nicht nach Essen. Auch den Alkohol hatte ich bereits abgelehnt. Die Geschäftspartner waren guter Dinge und dachten nicht daran, den Abend etwas schneller zu beschließen. Ja, da war ich also auf der sehr eleganten, wunderschön angelegten Toilette mit Glaswänden, die in hellgrün gehalten waren und mit dem dunklen Holz der Umgebung harmonierten. Da war ich also und hielt mein Telefon in der Hand. Ich schwöre es, ich wollte sie anrufen, aber ich konnte nicht. Es war mittlerweile schon 22.30 Uhr und ich dachte, dass ich mich melden müsse unter allen Umständen, heute noch, jetzt, schnell, aber ich konnte nicht auf den grünen Button drücken.

Dann fiel mir das Telefon plötzlich aus der Hand. Es sprang am Fliesenboden auf, und die Batterie lag neben dem Deckel am Boden. Vor Schreck fiel ich auf die Knie und ergriff alle Teile, um sie wieder zusammen zu setzen.

Was, wenn es nicht mehr funktionierte, dann hatte ich auch ihre Telefonnummer nicht mehr, und die SMS mit der Wegbeschreibung, damit ich zu ihr kommen konnte, war gleichfalls weg. Meine Hände begannen leise zu zittern, als ich alles zusammensteckte und einschaltete. Es gelang. Das Handy ließ sich aktivieren. Die Verbindung zur Roamingstation war gemacht.

Ich konnte endlich anrufen. Und ich drückte auf den Knopf ohne lange nachzudenken. Ich spürte plötzlich eine neue Selbstsicherheit in mir hochsteigen, ein triumphales Gefühl breitete sich in mir aus, während der Verbindungston in meinem Ohr klang. Sie musste einfach annehmen, sie musste fühlen, dass ich sie brauchte und dass ich sie liebte, sie konnte gar nicht anders, als mir zu verzeihen und mich aufnehmen. Sie hatte so viel davon geschrieben. Sie hatte mir so viel Schönes geschrieben. Und ich bin jetzt stark und kann mit meiner Angst umgehen, ja, ganz sicher. Ich schaffe es. Der Verbindungston klang weiter. Wo war sie denn?

Wie hatte mir einmal jemand gesagt? Mitleid bekommt man geschenkt, Neid muss man sich hart erarbeiten. Ja, so in etwa war das. Ich hatte Angst vor dem Mitleid, das mir von allen Seiten entgegen strömen würde. Ich hatte mein Glück schon zu sehr in die Welt hinausposaunt, als dass ich diese Situation, die ich nicht einmal einschätzen und benennen wollte, auch noch geheim halten konnte. Ich hatte Angst vor den wissenden Gesichtern, die mich mit einem „Na komm, mach dir nichts draus. War ja von

Anfang an eine komische Geschichte, nicht wahr?", in den Arm nehmen wollten.

Ich war nicht eingestellt auf dieses Mitleid, und ich hatte keine Lust darauf. Eigentlich wollte ich nur weg, nicht mehr hier sein und nicht mit all den Leuten sprechen, die sich vermutlich geradezu aufdrängen würden, mir ihre Lebensweisheiten, die alle die gleichen waren, geprägt von der Angst vor dem Leben, der Angst vor Veränderung, entgegenzuwerfen.

Ich sprach deshalb nur mit einer meiner nahen Freundinnen darüber. Und während ich sprach, kam der Schmerz wieder hoch. Dieser elende, tiefsitzende Schmerz, der mich darüber aufklärte, dass ich noch lange nicht aus der Illusion der Gefühle heraus war. Denn, vielleicht war das ja alles nur eine große Illusion? Schon wieder kam dieser Gedanke. Er drängte sich auf und blies mir heiße Luft ins Gesicht. Hätte ich nicht unsere SMS und E-Mails, ich müsste zustimmen. Aber ich konnte jedes einzelne Wort nachlesen, das wir ausgetauscht hatten. So viel konnte man doch gar nicht falsch interpretieren, oder doch? Das glaubte ich dann doch wieder nicht. Ich kämpfte mit meinen Gefühlen. Es gab zahlreiche Stimmen, die flüsterten, und nicht jede wollte ich hören.

Mittlerweile war mein Kopfschmerz noch stärker geworden. Und ich dachte daran, ein Schmerzmittel zu nehmen. Also doch Drogen, kam eine Stimme aus dem Untergrund. Pah, eine Schmerztablette kann doch nicht unter das Drogengesetz fallen? Eine Stimme im Kopf erzählte über „Wehret den Anfängen ...", nun ja, allzu streng wollte ich auch nicht mit mir sein und stand auf, um eine Kopfschmerztablette zu suchen. Dabei fiel mir ein, dass ich den ganzen Tag nur zwei Stück Brot gegessen hatte. Und an Wasser trinken hatte ich auch nicht wirklich gedacht. Ich holte zumindest das Trinken nach. Dann lief ich wie verrückt in der Wohnung herum. Was hatte ich übersehen, was hatte ich versäumt?

Ich begann zu beten, ich rief alle guten Geister des Universums, alle Helfer und Helferinnen, den lieben Gott und die Große Göttin, Allah, Buddha und Krishna. Ich rief alle, deren Namen ich irgendeinmal gehört hatte, alle, die mir vielleicht nur irgendwie helfen konnten. Ich meditierte, ich machte Yoga, ich versuchte schließlich zu schlafen, um kurzfristig den Schmerz und die Verwirrung zu vergessen.

Ich war in einer Situation, von der ich verstehen konnte, dass andere Menschen, wenn sie noch dazu depressiv waren, sich so hilflos und mutlos, so in eine Ecke gedrängt fühlen, aus der sie keinen einzigen Weg heraus sahen, dass sich solche Menschen dann entweder mit Drogen „zudröhnen" oder im schlimmsten Fall, ihrem Leben ein Ende setzen. Dieses Gefühl, keinen Einfluss zu haben, keine Möglichkeit zu bekommen für ein Gespräch, in dem Aufklärung, Verständnis möglich war, war ein so entsetzliches Gefühl, dass jede Variante des Aufgebens als die richtige erschien. Hauptsache, dieser Zustand wurde endlich beendet.

Schließlich kam meine Freundin Manuela, um mich auf irgendeine Weise zu unterstützen. Ich erklärte zwar, dass ich mich sicher nicht umbringen oder mich dem Alkoholrausch ergeben würde, aber es klang wohl nicht ganz so überzeugend. Sie betrachtete mich aufmerksam, suchte nach Mitteln mir zu helfen, mit der Situation, die völlig unverständlich war, besser umzugehen.

Ich erreichte sie nicht; ich hatte sie auch gar nicht angerufen. Ich hatte den Verbindungston nur im Ohr, nicht aber im Handy. Ich hatte plötzlich Angst über meinen Schatten zu springen, ihr tatsächlich in die Augen zu sehen und ihre ganze Liebe und ihr Verlangen nach mir zu spüren. Ich fürchtete mich. Ich drückte auf den falschen Knopf und tat so, als ob ich telefonieren würde. Ich sprach mit meinem eigenen Geist. Sie wollte mich heute nicht mehr sehen. Auch gut. So ging ich nach Hause und legte mich zu Bett. Alle Gedanken an sie verdrängte ich, ich wollte nichts mehr von ihr wissen.

Diese Angst jedoch quälte mich mit ihrer Anwesenheit, ihre Energie war so stark, dass ich das Gefühl bekam, sie stünde vor mir, noch schlimmer, sie legte sich zu mir ins Bett. Ich erstarrte. Was ich mir in all den Jahren so sehr gewünscht hatte, sollte keine Wirklichkeit werden. Ich war noch nicht bereit dazu, ich brauchte noch Zeit! Ich versuchte, sie aus dem Bett zu stoßen, aber sie umarmte mich liebevoll. Sie flüsterte mir ins Ohr, dass alles in Ordnung sei und ich mich nur fallen lassen müsse. Genau das wollte ich aber nicht! Ich wehrte mich mit allen meinen Kräften dagegen. Ich musste die Kontrolle

behalten, ich durfte nicht aufgeben. Ich durfte nicht ein-
schlafen. Und ich öffnete die Augen und sah die Angst
wie ein Gespenst auf mich zukommen, sie näherte sich in
Blitzesschnelle und griff mit einer langen krallenförmigen
Hand an meine Kehle. Ich war wie gelähmt. Ich konnte
nicht mehr schreien, mich nicht mehr bewegen. Sie nahm
meinen letzten Atem, meinen letzten Herzschlag und
mein Bewusstsein. Ich versank in einer Wolke aus
schwarz-grauem Dampf, den sie versprühte und mein
letzter Gedanke war ein Hilferuf an Dich.

Wir saßen viele Stunden zusammen und Manuela
half mir, meine Gedanken zu klären. Endlich konnte
ich diese völlig absurde Flughafenbegegnung mit
meinen Worten jemandem anderen erzählen. Endlich musste ich mich nicht mehr im Kreis drehen
und immer wieder das Gleiche denken.

Manuela hörte sich die Geschichte mit ernstem
Gesicht an und schüttelte ab und zu ihren Kopf.

„Das ist doch nicht normal", hörte ich sie sagen.

„So handelt doch kein Mann, der kommt, um
Dich zu fragen, ob Du ihn heiraten willst. Wenn ich
Dich nicht kennen würde, würde ich meinen, die
ganze Vorgeschichte hat sich in deiner Fantasie abgespielt."

Ich zeigte ihr die erste SMS von Tom, als er freu-
dig ankündigte, nach Wien zu kommen, um mich
um meine Hand zu bitten.

„Die restlichen 60 SMS und 88 E-Mails von ihm kannst du auch gerne lesen, wenn du magst. Wenn ich es nicht schwarz auf weiß hätte, würde ich ja mittlerweile selbst an meiner Realitätsfähigkeit zweifeln."

Wir rätselten herum. Dann erzählte Manuela mir, dass sie vor einiger Zeit ein Buch über Persönlichkeitsstörungen gelesen hätte. Von Borderline über schizotypisch bis schizoid und dissoziale Störungen und welch andere es da noch gäbe.

Sie habe selbst in der Praxis PatientInnen mit verschiedenen Symptomen, daher habe sie begonnen, sich über Hintergründe zu informieren. Ich staune, denn das, was sie mir da erzählte, beginnt das unklare Bild zu erhellen. Könnte es sein, dass Tom tatsächlich mental gestört sei? Dass er einfach eine – für ihn selbst nicht erkennbare – Störung in sich trägt, die sich jetzt so extrem auswirke? Könnte es sein, dass er in totaler Panik war, weil die virtuelle Frau, die er all die Jahre – nach seinen Worten – geliebt hatte, nun plötzlich lebhaft vor ihm stand und die Nähe leben wollte, von der er immer geträumt hatte? Eine Nähe, die er nicht zulassen konnte in seiner Angst vor dem Verlassenwerden, vor dem Abgewiesenwerden, vor was auch immer?

Ich begann gemeinsam mit Manuela das Puzzle zusammenzusetzen. Wenn ich davon ausgehe, dass er auf diese Weise „krank" ist, wie würde sich die Situation für mich dann anfühlen? Kann ich dann besser und ruhiger umgehen mit den bis dahin völlig unverständlichen Geschehnissen?

Ich wollte mich auf dieses Experiment einlassen. Eigentlich hatte ich gar keine andere Wahl. Den Standort, den Blickwinkel ändern, mich als Betrachterin der Ereignisse fühlen und die Brille der TherapeutInnen aufsetzen … das war tatsächlich eine neue Möglichkeit der Verarbeitung dieses Schocks, in dem ich mich ohne Frage noch befand.

Der Mann, der mich drei Monate mit wunderschönen, intensiven E-Mails und SMS glücklich gemacht hatte, der mir seine Gedanken und Gefühle beschrieb, wie ich es nie erwartet hatte, der sich geöffnet hatte in einer Weise, die mich erstaunt, verwundert und auf einer sehr tiefen Seelenebene angesprochen hatte, der Mann, der mich mehrmals gebeten hatte, ihn zu heiraten, der mit mir zehn Tage in Wien verbringen wollte, total auf mich fokussiert, der sich so wie ich, auf diese gemeinsame Zeit gefreut hatte, dieser Mann hat mich einfach stehen gelassen am Flughafen, hat mich nicht begrüßt, nicht umarmt, nicht fünf Minuten Zeit gefunden, mit mir alleine zu sprechen. Dieser Mann hatte wie ein Geschäftspartner agiert, der völlig irritiert war, mich zu sehen, obwohl er zwei Tage davor geschrieben hatte, dass er in Wien am Flughafen ankommen würde und sich sehr, sehr freuen würde, mich dort zu sehen.

Dieser Mann, der es nun dreißig Stunden lang nicht der Mühe wert gefunden hatte oder es nicht geschafft hatte, mich anzurufen ... Sollte es so sein, dass dieser Mann eine Persönlichkeitsstörung hatte, aus der heraus er gar nicht anders handeln KONNTE, als so, wie er es gerade tat?

Langsam begann sich in meinem Herzen und in meinem Kopf etwas zu lichten. Einmal angenommen, das wäre die mögliche Lösung des Problems. Angenommen, das wäre die richtige Erklärung für all die seltsamen Dinge, die da passieren. Angenommen, ich betrachte ihn aus diesem Blickwinkel. Hmm.

Es fühlte sich tatsächlich besser an. Es fühlte sich wahr an. Nicht, dass ich ihm jetzt eine Störung andichten wollte, die er vielleicht nicht hatte. Aber das Puzzle passte so am besten zusammen. Denn ich konnte in ihm deutlich den Mann fühlen, der liebt. Aber ebenso deutlich den Mann, der diese Liebe nicht leben kann. Der in Angst und Panik war, dass sich die langersehnte virtuelle Nähe nun in Wirklichkeit umwandeln könnte. Kaum auszudenken, welche furchtbare Zeit er möglicherweise gerade erlebte, bis er endlich wieder heim fliegen konnte. Ich fühlte ihn allein in seiner kleinen Wohnung sitzen, die die Familie hier unterhielt, weil doch immer wieder jemand von ihnen beruflich in dieser Stadt zu tun hatte. Er saß da und konnte nicht aus seinem Zwang, seiner Angst heraus. Wie schrecklich musste das wohl sein?

Mit diesem Mitgefühl konnte ich besser an die Sache herangehen. Ich weinte immer noch ab und zu, wenn mir unser beider Idee, die einer gemeinsamen Beziehung, eines gemeinsamen Lebens wieder einfiel. Wir hatten sie ja in den letzten Monaten gemeinsam entwickelt. Gemeinsam.

Und ich hatte mich darauf gefreut. Ich war bereit und frei, mich dieser Beziehung zu öffnen. Und ich hatte natürlich gedacht, dass Tom auch so weit wäre.

Nie im Leben hätte ich mir eine solche Begegnung vorgestellt, wie ich sie vor kurzem am Flughafen erlebt hatte. Mir wäre es jetzt am liebsten gewesen, jemand hätte das heimlich gefilmt, weil alle Worte dazu einfach zu wenig beschreiben, wie diese Szene sich abgespielt hatte. Ich entschloss mich, ihm eine SMS zu senden, in der ich ihm schrieb, dass ich fühlen könne, dass irgendetwas falsch rum läuft, und falls er Probleme hätte und ich ihm helfen könne, wäre ich in jedem Fall bereit. Gute Nacht!

Ich schlief in dieser Nacht wesentlich besser, ich träumte von ihm – aber nicht so intensiv und deutlich, dass ich es mir am Morgen gemerkt hätte. Es blieb nur eine Sequenz übrig: Ich sah meine Hände auf der Tastatur des Laptops und alle Gedanken, die ich hatte, klangen wie einzelne Buchstaben, die ich anschlug. Im Halbwachzustand dachte ich über diesen Traum nach und dachte in Buchstaben, die klickten, wenn meine Finger den Satz, den ich überlegte, aufschrieben.

„Schreib alles auf", war die Botschaft dieser Nacht.

Also stand ich auf, machte mein tägliches Yoga Sonnengebet und fühlte mich in meinem Körper wieder wohl. Ich setzte mich danach sofort zum Laptop und schrieb, so viel ich konnte. Ich schrieb alle meine Gedanken und Gefühle, ich erfasste den Terminus „Schreiben als Therapie" in einer neuen, für mich zum ersten Mal erspürbaren Weise. Ich schrieb, bis meine Hände nicht mehr schreiben wollten.

Alles, was mir so in den Sinn kam, floss aus mir heraus und in die Tasten hinein. Ich musste einfach schreiben, um mich wieder zu ordnen, zu sortieren, die Unglaublichkeit dieser Wochen und Monate und der letzten Tage in eine Fassung zu bringen. Mich selbst wieder in Fassung zu bringen.

Noch war da eine Spur von Hoffnung, dass sich alles noch lichten würde, eine Idee, dass sich ein großes Missverständnis aufklären und einem „Happy End" zuführen lassen könnte.

Ich schrieb und gleichzeitig horchte ich auf mein Handy. Ich wartete auf eine SMS, einen Anruf, der mir sagen wollte, dass wir uns nun doch sehen, doch sprechen können miteinander. Die Zeit verging und mein Telefon schwieg. Aber währenddessen erhielt ich eine große Chance, darüber nachzudenken, was ICH möglicherweise falsch gemacht hatte. Vielleicht lag ja da der Schlüssel zum Verständnis?

Ok, dachte ich, ich will das jetzt verstehen, was habe ich damit zu tun, mit dem Missverständnis, dem Unglück, in dem ich mich jetzt befinde, den Ereignissen, die ich nicht verstehe?

Wo ist meine Rolle in diesem Spiel?

Und da kam es ganz klar auf mich zu. Ich sah mich in Ägypten auf unserer schattigen Terrasse liegen und in Glück schweben. Ich sah das klare Licht der ägyptischen Sonne auf die hellgrünen Blätter unserer Bäume scheinen und hörte die Vögel zwitschern, die sich ab und an zu uns verirrten. Ich fühlte mich wieder in diesem unglaublichen Glückszustand, der nur mit einer Person zu tun hatte. Nämlich mit Tom.

War das der große Fehler? Hatte ich nicht wieder einmal alles auf eine Karte gesetzt, und diese Karte hatte den Namen: „Glück mit einem Mann"?

Wie oft schon – und mir wurde dieses Lebensmuster nach und nach klar – wie oft schon hatte ich einen ähnliche Situation erlebt? Ein Mann, der an mir interessiert ist. Ich verliebe mich in ihn, die erste Zeit ist alles wunderschön, und ich vergesse mein restliches Leben für ihn. Nein, ich lebe mein Leben schon weiter, aber ER steht an erster Stelle. ER verkörpert das Glück, ER steht als Synonym für LIEBE.

Er bekommt eine Rolle von mir zugeschanzt, die er gar nicht erfüllen kann!

Ich begann zu erkennen, wie sehr ich in meinem Leben meine „Glücklichen Gefühle" immer mit der Verbundenheit mit einem Mann verknüpft hatte. Wenn ich allein gewesen war, was nur sehr selten der Fall war, konnte ich mit allem glücklich sein, was ich lebte. Aber in dem Moment, in dem ein Mann in mein Leben trat, dem ich mich verbunden fühlte, bürdete ich ihm die ganze Last auf, mich glücklich zu machen und vergaß, dass ich noch andere Dinge in meinem Leben hatte, die mich auch zufrieden leben ließen. Ja, zufrieden, aber nicht glücklich, rief eine Stimme in mir.

Trotzdem! Mir wurde klar, dass ich in einer Liebesbeziehung immer eine Art Brille oder Filter vor meine Augen hielt und nichts anderes mehr sehen wollte, als durch die Brille der Verliebtheit und der Liebe. Und da stand immer ganz vorne als erstes mein Mann. Das Filter hieß sogar „Mein Mann". Es gab kein anderes mehr. Alle anderen Brillen, die ich mir hätte aufsetzen können, die wichtigste davon, die „ICH Selbst-Brille", hatten ihre Funktion verloren, wurden weggesperrt und nicht mehr benützt. Ich sah die Welt nur mehr durch die „Mein Mann"-Brille. Ich erwachte am Morgen mit seinem Gesicht neben mir, ich spürte den ganzen Tag seine Gedanken an mich, ich war erfüllt mit seinen Gefühlen für mich, ich nickte ihm an jeder Ecke zu, denn ich sah ihn überall, auch wenn er tausende Kilometer entfernt von mir war. Ich ging völlig auf in ihm. Und dabei verlor ich mich selbst.

Manche Freundinnen hatten mich schon jahrelang davor gewarnt, so mit dem Leben umzugehen. Denn sie sahen sehr gut aus ihrer Beobachterposition, dass ich mir damit mehr schade als nutze. Ich schlug alle Warnungen und Hinweise in den Wind, denn meiner Meinung nach waren Gefühle immer das Wichtigste. Egal welche Gefühle; ich spürte, sie leiteten mich. Was ich dabei übersah, war, dass ich sehr sensitiv bin und viele Gefühle anderer aufnehmen kann. Das bringt mich meistens in die unangenehme Position, all das zu fühlen, was gar nicht mein eigenes ist. Die Unterscheidung, meins und deins, was ist jetzt wirklich mein Gefühl, was ist jetzt wirklich deines, fiel mir schon immer schwer. Noch schlimmer, ich wusste die längste Zeit nicht einmal, dass es da Unterschiede gibt, dass ein Unterschied zu machen ist!

Es war mir nicht bekannt, dass ich tatsächlich als Erstes nicht meine eigenen Gefühle spürte, sondern die meiner GesprächspartnerInnen. Erst durch „Human Design" wurde mir klar, dass ich zu der Gruppe Menschen gehöre, die sich nicht darauf verlassen konnte, dass die Empfindungen, die zunächst so heftig auftauchten, die eigenen sind. Nachdem ich das gelernt hatte, begann ich unter dem Berg von fremden Gefühlen, nach meinen ureigenen zu forschen. Glauben Sie mir, falls Sie nicht auch zu dieser Gruppe gehören, es ist Schwerarbeit, den Wust von überlagerten Gefühlen, den unsere Mitmenschen in ihren guten oder schlechten Stimmungen an uns abgeben, erst einmal abzutragen. Was mir dabei geholfen hat, war der Tipp meines Human Design-Beraters, mich an Orte zu begeben, wo viele unterschiedliche Menschen sich aufhalten, wie zum Beispiel in die U-Bahn oder in ein Caféhaus und dort meine „Fenster" zu öffnen, damit alle Gefühle, die in mir sind, mit Hilfe dieser vielen Leute einfach wie durch den Wind hinaus geblasen werden können. Es geht so ein wenig nach dem homöopathischen Gesetz: „Simile similibus curentur". Ähnliches wird durch Ähnliches geheilt.

Nur diesmal in der umgekehrten Variante. Während in der Homöopathie das materiell heftige – die Erkrankung – mit einer hochgradigen Verdünnung, also einer Potenzierung auf geistiger Ebene, geheilt wird, haben wir es hier mit dem Phänomen zu tun, dass viele Kräfte (die Gefühle von vielen Menschen) heftiger wirken und den Effekt weniger Personen auf meine Gemütsebene daher schneller aufheben.

Wie auch immer, es funktionierte. Jeden Tag in der U-Bahn probierte ich es wieder aus. Statt mich mit einer Gratiszeitung, die jeden Tag den gleichen Unsinn schreibt, der mir das Gehirn verklebt, zurückzuziehen, öffnete ich mich den Mitreisenden gegenüber, atmete tief durch und ließ bewusst, deren Energie und Gefühle durch – darauf liegt die Wichtigkeit! – DURCH mich hindurch ließen. Nicht hängen bleiben oder sich an etwas anbinden lassen, der Strom dieser Energie nimmt tatsächlich alle angelagerten Gefühlsschlacken mit sich. Es ist eine Art Durchputzen, wenn man so will, eine Art Reinigung.

Kostenlos, schnell und zuverlässig. So kann man den Tag gleich viel besser beginnen.

Und das war einer meiner kleinen neuen Schritte, die ich nun wieder und wieder bewusst und regelmäßig tat. Ich bedankte mich innerlich bei meinen unbekannten BegleiterInnen in den öffentlichen Verkehrsmitteln Wiens und atmete wieder freier durch.

Wien. 17. Juli 2010.

Die Intensität, mit der ich Tom in all den Monaten wahrgenommen hatte, schwand. Es gab Zeiten, da hatte ich absolut keinen Kontakt zu ihm. Und dann wieder war er plötzlich da, und prompt kam auch eine SMS von ihm an.

Ja, da kam tatsächlich eine Message von ihm. Er fragte, wie es mir und meiner Familie gehe und erzählte mir, dass er einige Meetings hätte. Außerdem bat er mich, seine Partner nicht anzurufen, weil sie das nicht mögen würden.

Ach ja? Was würden sich die wohl denken, wenn sie ihn so erlebten? Ich gebe zu, einen Moment lang war die Idee verlockend. Es aller Welt zu erzählen, was ich hier erlebte mit einem so integren und so weltgewandten Mann. Niemand würde mir das glauben wollen. Wozu auch?

Ich gab den Gedanken schnell wieder auf.

Im Gegenteil, völlig überraschend wurde mir klar, dass ich ihm nicht schaden wollte, obwohl er sich so seltsam verhielt. Das war eigentlich eine Geschichte zwischen uns beiden, die weder auf seine, noch auf meine beruflichen Umstände Auswirkungen haben durfte.

So erwähnte ich noch einmal die Möglichkeiten für ihn, meine FreundInnen, von denen viele MedizinerInnen sind, kontaktieren zu können, was er dankend ablehnte:

„Ich bin in perfektem Zustand, nur etwas angestrengt mit meinem Job. Mach dir keine Sorgen. Aber bitte ruf meine Partner nicht an, denn die würden das nicht mögen."

So, jetzt hab ich dich, dachte ich mir und mein Kampfgeist erwachte. Dann nehme ich dich auf die „Businesstour".

Dann haben wir halt auch einen Termin, ein Meeting, das DU einhalten musst. Ich schrieb eine weitere SMS an ihn: „Das ist fein, dass es dir gut geht, dann wirst Du ja auch UNSER Meeting nicht verschieben. Ich erwarte Dich pünktlich."

Wie erwartet kam die erstaunte Antwort: *„Wo? Und was meinst Du mit pünktlich?"*

„Hast Du es wirklich vergessen? Heute, 18.30 Uhr. Wir wollten zum Rathausplatz gehen, Würstel essen und Bier trinken. Aber es ist Life Ball dort, gehen wir zum Graben, um Sekt zu trinken – wie vor 5 Jahren."

Nach einigen Minuten Nachdenken kam die Bestätigung, dass er sich immer mehr zurückzog.

„Warten wir mal, wie das Wetter wird …"

Ich antwortete nicht. Zwanzig Minuten später erklärte er mir, dass wir das Ganze am nächsten Tag besprechen sollten, weil er jetzt Besuch hätte – von Verwandten.

Was hatte ich auch erwartet? Dass er sich tatsächlich so leicht einfangen ließ?

Den ganzen Tag saß ich in meinem Zimmer am Fenster und hatte einen herrlichen Blick auf den Garten, den ich nur in manchen kurzen Momenten zu schätzen wusste. Die Sonne schien auf die Blumen und Sträucher, als wollte sie mich besänftigen und stärken. Das Gras stand so wunderschön grün und fett, ganz anders als in Ägypten. Ich aber hatte kaum einen Blick dafür.

Wie verrückt klapperte ich mit meinen Tasten, versuchte nur mein überfließendes Gehirn vor dem Irrsinn zu bewahren, der sich breitgemacht hätte, wenn meine Gefühle und Gedanken nicht in dieser Weise Ausdruck finden hätten können. Ich schrieb um mein Leben, meine geistige und seelische Gesundheit, diesmal ging es ganz allein nur um mich.

Ich spürte, wie er langsam aus meinem Leben ging. Er zog sich in sich zurück und kam mich in Gedanken nicht mehr besuchen. Was auch immer er tat, er war nicht mehr bei mir.

Ich versuchte mich abzulenken, surfte im Internet und recherchierte zum Thema Persönlichkeitsstörungen. Ich brauchte irgendetwas zum Anhalten, zum Verstehen. Und tatsächlich, da fanden sich einige Erklärungen, die mir das Leben leichter machten. Als selbsterklärter Halbprofi auf diesem sehr umfangreichen Gebiet lenkte mich jede neue Erkenntnis von meinem schrecklichen Zustand ab. Es gab ja zu Glück jede Menge unterschiedlichster Störungen mit den unterschiedlichsten Namen. Je mehr ich mich damit befasse, umso mehr beruhigte ich mich und begann ich, wieder zu mir selbst zu finden. Ist das nicht eigentlich ein Paradoxon? Je mehr ich mich mit für mich fiktiven Persönlichkeitsstörungen befasste, desto gesünder begann ich mich wieder zu fühlen. Bevor ich mich jedoch selbst diagnostizierte als in eine dieser Kategorien passend, ließ ich es wieder gut sein und schloss das Kapitel „Störungen" ab. Ich wollte nicht mehr darüber nachdenken.

Der Versuch, mich abzulenken, sobald ich meine Gedanken nicht in den Laptop tippte, brachte mich auf die verrücktesten Internetseiten. Alles war meinem Verstand recht, er brauchte einfach viel an Veränderung, andere Erklärungen, andere Sichtweisen.

Nichts war mir zu phantastisch. Diesmal suchte ich auf einer Internetseite nach einem Zufallsorakel, das mir schon mehrmals interessante Blickwinkel geboten hatte. Dabei fiel mein Blick auf eine Annonce einer Partnervermittlungsstelle. Ich hatte so etwas noch nie angesehen, diesmal klickte ich aber spontan darauf. Natürlich war ich neugierig, was da wohl herauskommen könnte. Selbstverständlich suchte ich auch nach weiteren Möglichkeiten, meine Aufmerksamkeit umzulenken, meinen Fokus wieder auf mich und MEINE Zukunft zu setzen. Ins Positive bringen und mich – so wie auch meine Freundin Manuela gemeint hatte – weiterhin auf die wunderschöne Partnerschaft einzustellen und einzuschwingen, die ich begonnen hatte, mir herbeizusehnen.

Ich konnte ihr nur zustimmen, als sie in einfache, klare Sätze brachte, was ich gerade erlebt hatte: Tom brauchte sichtlich die Erfahrung mit mir jetzt, damit er in seinem Zwang weiterkommen konnte, sich vielleicht sogar daraus zu lösen, wenn er dazu bereit war. Und ich erlebte diese Situation wie eine Über-Prüfung, wie weit ich es bereits verstanden hatte, mich nicht mehr an Illusionen und Vor-Stellungen zu binden, die mich unglücklich machten. Ja, nach einiger Zeit, die ich brauchte, um gedanklich darauf herumzukauen, konnte ich das jetzt auch immer besser nehmen.

Ich löste mich wirklich heraus, es war mittlerweile leichter loszulassen, als daran festzuhalten. Ich hatte das Glück, schon lange genug trainiert zu haben, mit Gefühlen anders umzugehen. Durch meine buddhistische Ausbildung durfte ich lernen, dass sich diese „Anhaftung" an Gedanken und Gefühle immer in unangenehmer Weise bemerkbar macht, und es am besten ist, die Dinge kommen und gehen zu lassen, ohne den Wunsch sie festzuhalten. Das sagt sich natürlich leichter, als es auszuführen. Aber mit einiger Übung und Unterstützung von wissenden Lehrern, FreundInnen mit ähnlichen Erfahrungen und natürlich Professionals auf diesem Gebiet, gelingt es immer schneller.

Das LOSLASSEN von Vorstellungen, wie das Leben eigentlich sein sollte. Je schneller ich den momentanen Zustand akzeptiere als DAS, WAS IST, umso einfacher und schmerzfreier, also lebhafter und lustiger, wird der nächste Moment erlebt.

Ausprobieren. Es sein lassen, wie es ist. Einfach SEIN und LASSEN.

Wie viele Jahre ich das schon trainierte? Hmm. Ich übe das schon mindestens zwanzig Jahre lang. In den letzten Jahren aber hatte es sich intensiviert, also meine ich, dass nicht jede/r unbedingt so lange brauchen muss wie ich.

So beschloss ich, mich auf eine neue Realität einzulassen, eine neue Türe zu öffnen, die sich mir „zufällig" anbot. Und der Zu-Fall ist ja immer etwas, das einem gerade zufallen muss, denn es ist alles in einer großen Ordnung, auch wenn wir sie oft nicht verstehen mit unseren kleinen Menschengehirnen. Ich stellte mir vor, wie ich einer Ameise das einfache Prinzip der Quantenphysik erklärte. Nein, das ist natürlich viel zu hoch gegriffen. Ich fand ein anderes Beispiel: Wie erkläre ich der fleißigen Ameise das einfache Prinzip der Rotation der Erde um ihre eigenen Achse und das sich daraus ergebenden Hell und Dunkel, das wir Tag und Nacht nennen. Glauben Sie, dass die Ameise das verstehen kann? Sie kann es LEBEN, weil der 24 Stunden Rhythmus ein wesentliches Merkmal in ihrem Ameisendasein darstellt. Aber VERSTEHEN? So ähnlich kommen mir oft unsere Versuche vor, dieses Große da draußen oder oben oder um uns oder wo auch immer, zu verstehen. Wie sollen wir? Kann die Ameise uns als Menschen erkennen aus ihrer Position am Erdboden? Wir sind doch viel zu groß für sie, diese Dimension wird vermutlich nicht einmal irgendwie erfasst. Außer wir greifen ein und zerstören den Ameisenhaufen. Das nennt das Ameisenvolk dann vermutlich eine unerklärliche Naturkatastrophe, sollten sie soweit sein, sich darüber zu unterhalten. Aber uns als Wesen erkennen? Das glaube ich einfach nicht.

Und warum kann es uns nicht auch ganz einfach wie den Ameisen ergehen, wenn wir versuchen, über unsere Menschengrenzen hinauszudenken? Vielleicht sind die Dimensionen dieser anderen Welten einfach nur zu hoch, zu groß für uns? Und wir leben trotzdem in ihnen und mit ihnen, ohne uns dessen bewusst zu sein.

Ich also verstand an diesem Tag Manuelas Botschaft als Aufforderung, neue Türen zu öffnen und neue Wege zu erschließen. Mich in eine andere, neue Realität zu bewegen. Weg von meinem Schmerz und den Gedanken an Tom, dem ich sichtlich in keiner direkten Weise helfen konnte. So ging ich zurück zu meiner neuen Nachmittagsbeschäftigung auf der PartnerInnen-Vermittlungsplattform.

Ich machte mir tatsächlich die Mühe und füllte alle vorgeschriebenen Fragebögen über mich und meine Vorlieben, meine vermutlichen Stärken und Schwächen aus und versuchte in wenigen Worten, MICH selbst zu erklären. Gar nicht so einfach. Mich selbst in meiner Essenz zu erfassen und dann kurz und prägnant zu beschreiben. Eine gute Übung für alle, die nicht wissen, wer sie wirklich sind. Was ja vermutlich nur auf fünfundneunzig Prozent der Menschheit zutrifft. Ich jedenfalls gehörte dazu, wie ich bemerkte. Stundenlang beschäftigte ich mich ab sofort mit mir selbst, mit meiner Art das Leben zu betrachten, mit meinen Sehnsüchten und meinen Wünschen. Eine völlig neue Art der Selbsttherapie öffnete sich mir hier. Ich nahm mir viel Zeit für mich selbst. Endlich.

Nun, nach getaner Arbeit kamen dann tatsächlich einige Vorschläge, Männer, deren Profile sich mit meinem in gewisser Weise deckten, mögliche Partner … Es war schon spannend, als ich merkte, dass ich wirklich Gefallen speziell an einem bestimmten Mann fand, der sich und seinen Tag so beschrieb, dass ich Lust bekam, ihn zu kontaktieren. Natürlich war das nur eine oberflächliche Ablenkung, aber ich gestand sie mir einfach zu. Die Beschäftigung mit anderen Gedanken tat mir gut, brachte mich weiter weg von meiner Verzweiflung, linderte ein wenig den Schmerz. Als ich auf die „Antworten"-Taste klicken sollte, überlegte ich mir die Konsequenzen genauer. Half es mir im Endeffekt wirklich aus meiner Situation heraus?

Nein, ich tat es dann doch nicht. Warum nicht, wo ich doch immer so spontan agiere?

Die Antwort war mir plötzlich sonnenklar: Ich hatte mich verändert. Zum ersten Mal seit meiner Jugend wurde mir bewusst, dass es Zeit für mich war, mich erst einmal in erster Linie mir selbst zu widmen. Meinen Gefühlen, meinen Wünschen, meinen Ideen, meinen eigenen beruflichen Zielen und natürlich Zeit, aus der noch immer trauernden Stimmung in mir herausfinden, bevor ich mit einem neuen Mann Kontakt aufnehmen wollte.

Trotzdem freute ich mich ein wenig, als ich noch am gleichen Abend zwei interessierte Anfragen bekam. Öffnete sich hier eine dieser neuen Türen, die aufgehen, wenn sich eine andere schließt? Was, wenn dahinter wirklich mein neuer Mann für mich stünde? Wenigstens konnte sich mein Verstand jetzt mit anderen Ideen beschäftigen, statt mich weiterhin zu quälen. Aber wirklich wichtig war die Erkenntnis, dass das Leben immer weiter geht, egal, ob mein Ego sich einbildet, dass es so nicht mehr zu leben ist. Egal, was alles scheinbar Schreckliches geschieht.

„Die Seele bleibt immer unberührt", sagen die Heiligen Vedischen Schriften. Wie schön und tröstlich ist dieser Satz. Es ist nur unser Verstand, der die Dinge und Umstände beurteilt als Gut oder Schlecht. Aber unsere Seele bleibt von solchen Urteilen unberührt, von all unseren Gefühlen, die wir produzieren (wenn wir das wollen), unberührt, von allem unberührt. Sie bleibt in der ruhigen Gelassenheit eines

Seerosenteiches. Selbst wenn ein Steinchen hinein-
fällt und Wellen schlägt, nach einiger Zeit wird die
Wasseroberfläche wieder ruhig und die Seerosen
schwimmen ohnehin an der Oberfläche. Und wenn
sie einmal unter die Wellen kommen sollten, macht
das auch nichts. Es ist eben einfach so, wie es ist.
Wie schön ist diese Vorstellung, wie wohltuend!

Ich nahm einen tiefen Atemzug, wurde ganz ruhig und beschloss, die Dinge von nun an einfach so
zu nehmen, wie sie in mein Leben traten. Sollte wieder einmal ein Mann an meinem Herzen anklopfen,
muss es ja nicht gleich mein nächster Ehemann sein;
es könnte auch ein lieber Freund werden, der sich
um mich bemüht. Ich darf mich einfach einmal zu-
rücklehnen und in aller Ruhe schauen, ohne gleich
einen schwerwiegenden Entschluss zu fassen. Was
hatte mir mein Onkel kürzlich geraten?

„Mach einmal DU die Probleme, wenn es schon
irgendwo welche geben soll. Halte dir die Männer
vom Leib und lass' sie erst einmal um dich kämpfen,
bevor DU ‚Ja' sagst."

Wenn ich auch so eine Position noch nie einge-
nommen hatte, irgendwie erschien es mir wert zu
prüfen, wie ich mich mit dieser neuen Handlungs-
weise fühlte. Besser?

Plötzlich erschien mir alles einfacher, stiller, sanf-
ter.

Die Spitzen der letzten Tage hatten sich abgeschliffen. Ich begann damit umzugehen, ohne mich ständig selbst daran zu verletzen. In mir wuchs das Verständnis, durch einen Prozess gegangen zu sein, der mich auf eine neue Ebene geführt hatte. Was auch immer als Nächstes in mein Leben kam, wer auch immer als Nächster erschien, ich fühlte mich wieder in meiner gewohnten Kraft, ich fühlte mich stark genug, den Herausforderungen des Lebens mit offenem Herzen zu begegnen. In mir wuchs die Sicherheit, in jedem Fall zu überleben. Auch wenn ich zwischendurch am Verzweifeln gewesen war. Ich hatte wieder ein Stück mehr innere Freiheit gewonnen.

Mir war klar, dass ich noch einiges an Trauerarbeit vor mir hatte. Da war viel Traurigkeit über den Verlust einer Liebe, die nie wirklich gelebt worden war. Traurigkeit über den Verlust eines Menschen, den ich immer noch sehr schätzte, wenn ich auch sein Verhalten nicht verstehen und akzeptieren konnte. Ich konnte nur respektieren, wie er aus seiner Sicht der Dinge, auf seine im Moment für ihn adäquate Weise agierte.

Auch wenn es mir mit meinem Verstand nicht möglich war, nachzuvollziehen, was eigentlich passiert war, und auch wenn mein Herz nicht verstehen konnte, warum Verschiedenes nicht passiert war, ich musste mit der Situation, in der ich mich befand, ganz praktisch umgehen lernen.

„Jedes Ding hat zwei Seiten. Je nachdem wie man es anfasst, ist es tragbar oder untragbar", frei nach Epiktet.

Je länger ich darüber nachdachte, umso plausibler war der Schluss, dass die einzig richtige Lösung, die es für uns beide gab, wohl die wäre, mit der wir uns beide nun zurechtzufinden hatten. Sonst wäre es ja nicht so gekommen, sondern eben anders. Und auch das tröstete. Natürlich konnte ich nur spekulieren, was sich in Tom abspielte, aber auf seine Art hatte er einen Punkt gesetzt, der sichtlich dorthin gehörte, wo er jetzt stand. Einen Schlusspunkt.

Je mehr ich über Dich nachdachte und über mich, umso panischer wurde ich. Deine Erwartungen an mich waren so groß, so umfassend. Du warst Dir so sicher über alles, was Du im Leben mit Deinem Mann – also mit mir – vorhattest. Und ich kam mir plötzlich so klein vor, nicht wie der starke Held, der Dich beschützen konnte und Dir all das bieten, was Du Dir vom Leben erwartest, von Deiner Ehe erwartest.

Was konnte ich Dir denn überhaupt bieten? Ich lebte schon so viele Jahre alleine, meine letzte ernsthafte Beziehung zu einer Frau, der Mutter meiner Tochter, endete, weil ich ihr nicht in die Schweiz folgen wollte, wohin sie der besseren wirtschaftlichen Aussichten wegen gegangen war. Ich ließ sie ziehen, und ich ignorierte ihren Wunsch, mit ihr gemeinsam zu gehen. Ich ließ mein Kind ziehen und ignorierte meinen Wunsch, mit meinem Kind zu sein. Ich hatte versagt in dieser Beziehung. Ich hatte versagt als Mann und als Vater.

Lange Jahre schämte ich mich dafür und konnte mit niemandem darüber sprechen. Ich hatte meine Frau und mein Kind verloren und diesen Schock nie überwunden.

Was um alles in der Welt hätte ich anderes tun sollen, als sie gehen lassen? Sie war eine starke Frau, sie wusste, was sie wollte und sie ging ihren Weg. Sie brauchte mich gar nicht.

Ich war nutzlos, ich war überflüssig in ihrem Leben. Sie war glücklich im neuen Land und fand bald darauf auch einen neuen Mann, mit dem sie noch ein weiteres Kind hatte. Meine Tochter wuchs mit ihrem Halbbruder auf und kannte mich bald gar nicht mehr richtig, wir sahen uns kaum.

Ich hab mein Leben verloren und es nie wieder zurückbekommen.

Und jetzt bist Du da, eine ebenso starke Frau, die auch weiß, was sie will. Ist es nicht naheliegend, dass ich befürchte, dass sich die Geschichte wiederholen wird?

Als ich Dich vor sieben Jahren kennengelernt hatte, warst Du noch so sanft und so hilflos und so bedürftig. Ich fühlte mich stark neben Dir, ich wollte Dich beschützen, Dir ein Leben an meiner Seite bieten, für Dich sorgen. Ich verstand Dich damals, glaube ich, nicht richtig. Jetzt, nachdem Du mir so viel über Dich geschrieben hast, lernte ich Dich besser kennen. Du bist ganz anders, als ich mir ausgemalt habe. Du bist eine Frau, die eigentlich keinen Mann braucht. Zumindest keinen wie mich.

Ich weiß nicht, wie ich dir das beibringen kann. Ich liebe Dich und habe Angst vor dir. Ich habe Angst, wieder verletzt und verlassen zu werden. Ich habe Angst, dir nicht zu genügen.

Zu Beginn durfte ich Dich umwerben. Da fühlte ich mich mutig und stark genug, dir zu begegnen. Mit den Wochen aber wuchst Du über Dich hinaus, über mich hinaus. Mir scheint, Du bist tatsächlich einen Kopf größer als ich.

Einen virtuellen Kopf, meine ich damit. Ich fühle mich Dir nicht gewachsen. Ich mag es nicht, Angst zu haben und ich bin in Panik, wenn ich daran denke, dass ich wieder versagen könnte. Du könntest mich verletzen, Du hättest mich völlig in der Hand. Aus der Ferne kann ich Dich lieben und anbeten. So lange kann Dein Arm nicht sein, dass Du mich kränken könntest.

Aber aus der Nähe?

Alles in mir beginnt zu zittern. Ich fühle mich schwach und unfähig, und ich hasse diesen Zustand.

Nein, ich will und kann Dich nicht treffen. Ich ertrage es nicht, in Deine Augen zu sehen und mich dabei schwach zu fühlen. Ich spüre Deine Liebe, und ich liebe Dich, aber ich bin nicht fähig, mich wieder auf eine Beziehung einzulassen.

Es tut mir leid. Es tut mir so leid.

Ich beschloss, die Geschichte mit Tom einem vorläufigen Ende zuzuführen und schrieb ihm eine Nachricht, von der mir klar war, dass sie traurig und auch ein bisschen sarkastisch klang. Trotzdem schickte ich sie ab.

„Meine liebe verlorene Liebe, lass uns unser Treffen, unsere Hochzeit und alles andere auf Sommer 2011 verschieben. Was denkst Du? Genug Zeit, genug Distanz für Dich? Ich liebe Dich."

Kurz darauf kam die letzte SMS von Tom und klang wie ein lachender losgelöster Song durch den Raum.

„Liebe K., ich brauche noch etwas Zeit für dieses eine Frau-ein Mann-EINES. Ich denke, wir sind clever und geduldig genug, um den einen Moment zu erwarten, der von selbst kommen wird. Lass uns in Kontakt bleiben. Wenn Du wieder richtig hier lebst, wird es besser sein. Ich liebe Dich auch."

Ich schloss die Fenster und ließ das Gewitter, das sich seit Stunden angekündigt hatte, draußen blitzen und donnern.

Eine Geschichte für uns.

Eines Tages fand ein Kind die Puppe eines Schmetterlings. Als eine kleine Öffnung erschien, setzte sich das Kind hin und beobachtete den Schmetterling während einiger Stunden bei seinem Versuch, seinen Körper durch das kleine Loch zu pressen.

Nach einiger Zeit sah es so aus, als stoppte der Prozess, und es gab keinen Fortschritt mehr. Der Schmetterling war so weit gekommen, wie er konnte, und nun ging es nicht mehr voran.

So beschloss das Kind, dem Schmetterling zu helfen. Es nahm eine kleine Schere und schnitt damit den Rest des Kokons einfach auf. Der Schmetterling konnte nun leicht herauskommen. Aber er hatte einen geschwollenen Körper, und die Flügel waren klein und verschrumpelt.

Das Kind beobachtete den Schmetterling weiter, denn es erwartete, dass die Flügel sich jeden Moment vergrößern und verbreitern, damit sie den Körper unterstützen könnten, der sich auch noch zusammenziehen sollte. Aber nichts geschah!

Tatsächlich verbrachte der Schmetterling den Rest seines Lebens mit einem geschwollenen Körper und verschrumpelten Flügeln – am Boden herumkriechend.

Was das Kind in seiner Güte und seiner Hast nicht verstanden hatte, war, dass der enge Kokon und der Kampf, sich durch das kleine Loch zu zwängen, der Weg der Natur waren, die Flüssigkeit des Körpers in die Flügel des Schmetterlings zu pressen, damit er, sobald er die Freiheit erlangt hatte, bereit zum Flug sein würde.

Manchmal sind Kämpfe in unserem Leben genau das, was wir gerade brauchen. Wenn es uns erlaubt wäre, ohne weitere Hindernisse durch unser Leben zu gehen, es würde uns zu einem Krüppel machen.

Wir wären nicht so stark, wie wir sein könnten.

Und wir wären nie fähig zu fliegen.

Autor unbekannt.

Mein Traum vom 5.9.2013.

Nachdem ich letzte Woche in meiner Wohnung erst von einer Kohlmeise und dann von einem Falken Besuch hatte, flog gestern Nacht auch noch eine Fledermaus in meinem Zimmer herum. Die folgende Nacht erfüllte mich dieser Traum:

Ich sehe große Flügel, die durch das geöffnete Fenster hereinschauen. Der dazugehörige Vogel überlegt es sich jedoch noch anders und fliegt nach langem Geflatter wieder in die Weite des Himmels. Ich laufe vor das Haus, um ihn wenigstens noch aus der Ferne zu sehen, neugierig, welche Art von Vogel mich diesmal besucht hatte. Da sehe ich etwas Goldenes über mir funkeln.

Der Vogel hat goldene Flügel, die er weit ausbreitet und die mich an etwas aus alten Büchern erinnert. An Engel, richtig, an die Engel mit den großen Flügeln, die von Kopf bis Fuß über den gesamten Rücken reichten.

Ich sah tatsächlich einen Engel fliegen, und er war wunderschön. Er hatte ein mittelblaues Gewand an, weit und wallend, und seine herrlichen Flügel trugen ihn über meinem Kopf in den Himmel.

Im Aufwachen noch war ich erfüllt von Glück.

Nachwort.

Diese Geschichte beruht auf einem wahren Kern. Ich habe die Ich-Erzählerin deshalb „K." genannt, weil ein Teil ihrer Persönlichkeit natürlich auch aus meinen eigenen Erfahrungen entstand. Dieses Wissen soll aber nicht dazu verleiten zu meinen, es wäre alles so geschehen, wie es beschrieben ist. Ich habe mir die schriftstellerische Freiheit genommen, Handlungen, Gedanken und Gefühle in einer Weise zu entwickeln, wie sie im wahren Leben tatsächlich hätten in Erscheinung treten können. Eben. Können.

Wie im wahren Leben schöpfte ich aus dem Pool der unendlichen Möglichkeiten. Es kann jeden Moment alles sein. Je nachdem, in welche Richtung der nächste Schritt erfolgt, gibt es die unterschiedlichsten Wege, auf denen wir durchs Leben gehen, spazieren, hopsen, laufen, stolpern, gleiten, tanzen ...

Jede und jeder von uns trägt ganz eigene, ich bin sogar dazu verleitet zu sagen, spezifische Muster in sich, nach denen, während eines Großteils der Zeit eher gedankenlos und meist völlig automatisch, unser Leben abläuft. Daraus ergibt sich die notwendige Folge, dass viele Ereignisse scheinbar unvermutet in unser Leben treten und sich ebenso unerwartet in einer Weise entwickeln, wie wir sie uns nie hätten wünschen wollen. Der viel zu oft gedachte, oder auch gehörte, Satz: „Wieso muss mir das schon wieder passieren?", ist mindestens ebenso ein Hinweis auf diese unbewusste Art, im Leben zu stehen, wie der Ausdruck „Glück gehabt" oder „Pech gehabt". Nichts beschreibt deutlicher, wie es sich in Wirklichkeit eben nicht verhält!

Nur wer wirklich Interesse daran hat, sich die Bedingungen anzusehen, aus denen heraus sich eine bestimmte Situation entwickeln konnte, bekommt auch die Chance zur Veränderung der nächsten Ereignisse, die in der sogenannten Zukunft schon auf uns warten. Wir kreieren sozusagen unsere kommenden „Zufälle" bereits JETZT. Alleine durch unsere Erwartungshaltung erschaffen wir den Boden, säen wir den Samen der nächsten Erlebnisse, dessen Früchte wir über kurz oder lang ernten werden. Und diese Früchte treten dann als völlig – falsch bezeichnet – „Zufall" in unser Bewusstsein.

Der erste Schritt zur Erkenntnis wäre, sich unserer eigenen Verantwortung für die scheinbar von außen in unser Leben tretenden Ereignissen bewusst zu werden. Und diese Verantwortung auch anzunehmen. Dadurch steigt man aus der „Opferrolle" heraus und beginnt sich einzugestehen, dass man gleichzeitig auch immer ein „Täter" ist. In jeder Situation, die uns „geschieht", hatten wir die Möglichkeit „Ja" oder „Nein" dazu zu sagen. Schon im Vorfeld haben wir selbst die Schienen gelegt, auf denen dieser „Zug" bei uns ankommen konnte. Manchmal braust er völlig überraschend über uns hinweg, manchmal nähert er sich vielleicht sehr langsam, und wir können ihn auch deutlich kommen sehen. Jedenfalls braucht er ein Gleis, auf dem er uns erreicht. Und für dieses Gleis sind wir selbst verantwortlich. Würden wir es nicht bereitwillig legen, und das kann bewusst oder eben unbewusst gemacht werden, dann würde dieser Zug (genannt Zufall) nie bei uns eintreffen.

In dieser Geschichte beschreibt die Protagonistin schon zu Beginn ihre Bedürftigkeit nach Aufmerksamkeit und Berührung. Hier werden also Schienen gelegt, auf der sich nur eine Liebesgeschichte entwickeln kann, die dieser Bedürftigkeit gerecht wird. Was K. erst einmal nicht weiß: Wer Bedürftigkeit sät, erntet sie auch. Wer den Wunsch nach Berührung sät, erntet auch diesen. Der Irrtum entsteht im Glauben, wir könnten das eine aussäen und das andere erhalten. Ein Apfelbaumsamen wird im besten Fall nach Jahren einen Korb voll Äpfel ergeben. Keiner wird sich daraus Mangos erwarten. Weil wir aber im Gebrauch unserer Worte nicht differenzieren, nicht genau sind mit unseren Vorstellungen und sehr nebulos mit unseren Wünschen, entsteht manchmal genau das Gegenteil von dem, was wir meinten, in unser Leben zu ziehen.

Was also wünschen wir uns wirklich? Der zweite Schritt zur Erkenntnis ist das Mustererkennen.

Das „Wie" der Formulierung unserer Wünsche, hat seinen Ursprung in unserer Denkweise. Denken wir aus dem Mangel (und damit aus der Angst) heraus? Oder denken wir aus der Fülle (und damit aus der Liebe) heraus? In welchem Muster leben wir? Die Unterscheidung dieser beiden, uns aus dem tiefsten Herzensgrund bewegenden Emotionen ist meiner Meinung nach der Schlüssel schlechthin, um uns leichtfüßig auf den Weg der Veränderung zu machen. Auch hier jedoch fehlt es der Protagonistin zu Beginn unserer Liebesgeschichte im Wesentlichen an Bewusstheit. Der Mangel, aus dem heraus sich diese Beziehung aufzubauen beginnt, ist eklatant. Dem eigentlichen, dahinterstehenden Wunsch nach Veränderung zur Fülle hin, kann vom „Schicksal" gar nicht entsprochen werden. Denn solange wir glauben, wir seien im Mangel, es fehle uns etwas im Leben zum Glücklichsein, solange sind wir tatsächlich im Mangel. Wir haben nämlich immer Recht. Egal, was wir glauben, es ist genau so (sic!). Wir denken, wir fühlen und wir erfahren den Mangel – ständig. Denn eben dieser Zustand wird solange aufrecht gehalten, bis wir in uns selbst, nämlich in unserem Glaubenssystem, die Veränderung schaffen, die da heißt: „Um mich herum ist alles, was ich brauche, um glücklich zu sein. Ich sehe es vielleicht nur noch nicht. Aber es ist bereits da."

Dieser Satz hievt uns automatisch in einen neue Ebene der Einsicht. Damit bereiten wir den Boden für eine neue Art der Erkenntnis. Wir säen nämlich mit dieser Denkweise, vorausgesetzt unser Glaube verändert sich ebenfalls in die gleiche Richtung, die neuen Pflänzchen einer anderen Erfahrung. Nur dann kann sich die Fülle breitmachen. Einzig mit der Veränderung unseres Glaubens von „ich habe nicht" zu „es ist bereits da, wenn auch noch nicht sichtbar oder spürbar", beginnt eine neue Entwicklungsstufe in unserem Leben. So kommen wir auch aus der Endlosspirale des Unglücklichseins heraus und erschaffen einen neuen Prozess, der uns letztlich das bringen wird, was wir eigentlich, oder deutlicher: EIGENtlich, in unserem Innersten hegen, als unseren urEIGENen Wunsch in uns tragen. Wichtig ist das Gefühl, wir leben bereits in der Erfüllung dieser Möglichkeit, die nun kein Wunsch mehr ist, sondern eben die ErFÜLLung. Die FÜLLE gibt uns das Fühlen des erfüllten Wunsches. Oder anders herum. Sobald ich mich in das Gefühl versetzen kann, den Wunsch bereits erfüllt bekommen zu haben, ist es nicht mehr weit entfernt davon, wirklich Realität in meinem Leben zu werden. Sobald ich voll Dankbarkeit die Leichtigkeit und das Glück genieße, das sich automatisch einstellen muss, wenn ich alle meine Wünsche erfüllt habe, ziehe ich ganz praktisch alles in mein Leben, was ich brauche, um eben genau so glücklich sein zu können.

Was passiert, wenn wir uns gedanklich und gefühlsmäßig in diese Situation der Erfüllung begeben. Einfach und spielerisch. Das tiefe Aufatmen, die Erleichterung und das warme Glücksgefühl, das uns dann durchströmt, gestalten die Schienen für einen Zug, den ich gerne bei mir ankommen lasse. Das ist dann auch der gleiche „Zufall", wie schon zuvor beschrieben, mit dem Unterschied, dass wir ihn hier bewusst gestaltet haben. Es ist uns wieder das ZUgeFALLen, was wir gesät haben. Nur diesmal haben wir uns BEWUSST entschieden, welches Ereignis wir in unser Leben ziehen wollen, und wie wir uns dabei fühlen möchten. Das Prinzip ist das gleiche.

Welches Resultat möchte ich erzielen? Der Unterschied liegt einfach in der Bewusstheit und in der Entscheidung.

Es war „K." lange nicht bekannt, wie unklar sie sich über ihre eigenen Wünsche war. Den ständigen anscheinenden Mangel vor Augen erschien es ihr nicht möglich, sich eine andere Art von Realität zu erschaffen. Wie wäre die Geschichte wohl verlaufen, hätte sie sich gleich von Beginn an eine reiche, erfüllende Beziehung gewünscht?

Hätte sie dann überhaupt einen Mann treffen können, der selbst in völligem Mangel an Liebe und Zärtlichkeit lebte? Wäre so ein Mann für sie überhaupt interessant gewesen?

Die simple Antwort lautet NEIN. Niemand, der aus der Liebes-Fülle lebt, zieht sich jemanden in sein Leben, der den absoluten Liebes-Mangel repräsentiert und lässt sich auf eine Beziehung mit diesem Menschen ein. Das passt einfach nicht zusammen.

Wären da nicht geeignete Rezeptoren, würden sich die beiden nicht verbinden können. Zu einer Beziehung braucht es Sender und Empfänger, die zusammenpassen müssen. Wobei beide Personen natürlich sowohl senden als auch empfangen. Und diese Signale müssen für beide auch passen. Sonst sendet man eben aneinander vorbei. Betrachten wir

Beziehungen, haben sie immer einen besonderen, faszinierenden Aspekt. Beide geben einander genau das, was erwartet wird. Und wieder sind wir bei der Unbewusstheit. Denn vielen Paaren ist diese Situation nicht wirklich klar. Die Funktion des Spiegels ist auch so subtil, dass sie nur dann in unser Bewusstsein dringt, wenn wir wirklich beginnen, uns selbst besser verstehen zu wollen.

Sollten wir es schaffen, uns im eigenen Partner gespiegelt zu erleben, dann nehmen wir das Geschenk an, das uns unser liebevolles Gegenüber von Beginn unserer Beziehung an, entgegenhält. Und genau um dieses Geschenk geht es im Roman, so wie im Leben. Erkenne dich selbst in deinem Partner. Lerne dich durch seine Augen zu betrachten, aus seinen Reaktionen auf dich, deine eigenen Verhaltensweisen zu sehen. Wenn wir beginnen, uns selbst WAHRzunehmen, weil uns unser Partner durch sein Verhalten zeigt, wie wir uns – uns selbst gegenüber – beNEHMEN, dann kommen wir in rasanter Geschwindigkeit einer neuen Erkenntnis nahe. Wie benimmt er/sie sich mir gegenüber? Wie benehme ich mich mir gegenüber? Wie sehr liebe ich mich? Wie sehr respektiere ich mich selbst, achte mich selbst, sorge ich für mich und hege und pflege ich mich?

Wie glücklich mache ich mich selbst? Wie glücklich kann er/sie mich deswegen machen?

Am Ende versteht K. zumindest, dass eine unumgängliche Aufgabe auf sie wartet, nämlich die, sich selbst zu erforschen. Während dieses Prozesses kann sie beginnen, ihre eigene Verantwortung für ihr Leben zu übernehmen. Außerdem wird ihr klar werden, welche Rolle sie für ihr eigenes Glück spielt.

Sie wird erfahren, wie wichtig es ist, sich zuallererst sich selbst zuzuwenden. Alle unsere Beziehungen beginnen im ersten Schritt mit und in uns selbst. Der bekannte Spruch aus der Bibel „Liebe deinen Nächsten wie dich selbst!", erklärt das so simpel, wie es ist. Und doch wurde diese Weisheit die längste Zeit nicht verstanden. SELBSTLIEBE ist das Thema, mit dem sich jeder Mensch zu Beginn jeder „Bindung" beschäftigen muss, um befriedigende und befreiende Beziehungen zu leben. Dieser scheinbare Umweg, der uns erst in innere Reife und Befriedigung führt, in eine Liebesbeziehung mit uns selbst, lenkt uns dann ins Außen, und führt uns in eine Beziehung zu einem Gegenüber. Das erscheint mir die beste Reihenfolge zu sein, die man als Kind, beziehungsweise als Jugendliche/r, eigentlich bereits in der Schule lernen sollte. Sicher ließen sich so viele scheinbar unlösbare Beziehungsprobleme gleich im Vorhinein ausschließen und erschienen nicht „zufällig" im Beziehungsgeschehen.

Aber auch hier gilt natürlich der freie Wille jedes Individuums. Alles, was wir uns in diesem Leben vornehmen zu erfahren, ob bewusst oder unbewusst, erhält den Raum, den es braucht. Das Spannende im Leben ist ja, herauszufinden, was wir eigentlich leben wollen, und wie wir es anstellen, uns dabei in den höchsten und schönsten Gefühlen zu spüren. Dazu bedarf es wohl des Mutes und des Willens, Neues zu probieren, der Bereitschaft, auch einmal auf die Nase zu fallen und sich wieder aufzurappeln und es braucht die Freude, das Leben in allem, was es uns bringt zu genießen.

Egal, was geschieht, im Nachhinein sind wir um eine wesentliche Erfahrung reicher, die uns mitfühlender und verständiger anderen gegenüber machen kann, uns vor allem aber zu unserem innersten Selbst führt.

Danksagung.

Es ist mir ein großes Bedürfnis, mich bei allen Göttlichen Kräften zu bedanken, die mich in schweren Zeiten mit Licht und Energie füllen und mir in leichten Zeiten deutlich machen, dass meine Fähigkeit, als Lichtsäule im Tempel des Lebens zu stehen, eine notwendige Aufgabe ist, mit der ich auf dem Planeten Erde gelandet bin.

Allen meiner Lichtgefährtinnen, besonders Inge Hofstätter, Silvia Souy, Bine Frauenberger, Judith Spenger-Oberngruber, Karin Kolland und Muna Fiedler, in deren Licht ich mich fast täglich sonnen und auftanken durfte, möchte ich meinen unendlichen Dank aussprechen.

Immer wieder ein mit aller Liebe erfülltes DANKE an meine großartige Familie, die mich – manchmal aus der Nähe, manchmal aus der Ferne – unterstützt und immer für mich da ist, wenn ich sie brauche.

Auch geht mein Dank an Tom, einer meiner alten Lieben, dafür, dass Du mir dieses Buch geschenkt hast, aus vollem Herzen. Mögen sich alle Deine Träume und Wünsche verwirklichen lassen und mögest Du glücklich und zufrieden Dein Leben leben.

Und ich danke meinem allerliebsten Ehemann Ahmed, meiner großen alten Liebe, für Dein Vertrauen in uns und Dein Durchhaltevermögen und Deine Liebe. Danke, dass Du mich wiedergefunden hast. Danke, dass Du mich nie verloren hast.

I am sorry. Please forgive me. Thank you. I love you.

In aller Liebe.

www.tredition.de

Über tredition

Der tredition Verlag wurde 2006 in Hamburg gegründet. Seitdem hat tredition Hunderte von Büchern veröffentlicht. Autoren können in wenigen leichten Schritten print-Books, e-Books und audio-Books publizieren. Der Verlag hat das Ziel, die beste und fairste Veröffentlichungsmöglichkeit für Autoren zu bieten.

tredition wurde mit der Erkenntnis gegründet, dass nur etwa jedes 200. bei Verlagen eingereichte Manuskript veröffentlicht wird. Dabei hat jedes Buch seinen Markt, also seine Leser. tredition sorgt dafür, dass für jedes Buch die Leserschaft auch erreicht wird

Autoren können das einzigartige Literatur-Netzwerk von tredition nutzen. Hier bieten zahlreiche Literatur-Partner (das sind Lektoren, Übersetzer, Hörbuchsprecher und Illustratoren) ihre Dienstleistung an, um Manuskripte zu verbessern oder die Vielfalt zu erhöhen. Autoren vereinbaren unabhängig von tredition mit Literatur-Partnern die Konditionen ihrer Zusammenarbeit und können gemeinsam am Erfolg des Buches partizipieren.

Das gesamte Verlagsprogramm von tredition ist bei allen stationären Buchhandlungen und Online-Buchhändlern wie z. B. Amazon erhältlich. e-Books stehen bei den führenden Online-Portalen (z. B. iBookstore von Apple) zum Verkauf.

Seit 2009 bietet tredition sein Verlagskonzept auch als sogenanntes "White-Label" an. Das bedeutet, dass andere Personen oder Institutionen risikofrei und unkompliziert selbst zum Herausgeber von Büchern und Buchreihen unter eigener Marke werden können.

Mittlerweile zählen zahlreiche renommierte Unternehmen, Zeitschriften-, Zeitungs- und Buchverlage, Universitäten, Forschungseinrichtungen, Unternehmensberatungen zu den Kunden von tredition. Unter www.tredition-corporate.de bietet tredition vielfältige weitere Verlagsleistungen speziell für Geschäftskunden an.

tredition wurde mit mehreren Innovationspreisen ausgezeichnet, u. a. Webfuture Award und Innovationspreis der Buch-Digitale.

tredition ist Mitglied im Börsenverein des Deutschen Buchhandels.

Zeitfracht Medien GmbH
Ferdinand-Jühlke-Straße 7
99095 Erfurt, Deutschland
produktsicherheit@kolibri360.de